Georg Haddenbach

Die 12 Sternzeichen

Mit Mondzeichen

Im FALKEN Verlag sind zahlreiche Titel zu den Themen „Astrologie und Esoterik" erschienen.
Sie sind überall erhältlich, wo es Bücher gibt.

Sie finden uns im Internet: **www.falken.de**

Dieses Buch wurde auf chlorfrei gebleichtem und säurefreiem Papier gedruckt.

Der Text dieses Buches entspricht den Regeln der neuen deutschen Rechtschreibung

Die Berechnungstabelle für das Mondzeichen ist dem FALKEN Buch „Das große Astro-Handbuch" (7521) entnommen.

ISBN 3 8068 5509 9

Umschlaggestaltung: Design Team München/WSP-Design, Heidelberg
Redaktion dieser Auflage: Vera Baschlakow
Herstellung: Elke Cramer

Die Ratschläge in diesem Buch sind von dem Autor und vom Verlag sorgfältig erwogen und geprüft, dennoch kann eine Garantie nicht übernommen werden. Eine Haftung des Autors bzw. des Verlags und seiner Beauftragten für Personen-, Sach- und Vermögensschäden ist ausgeschlossen.

Satz: Alois Winter Werbung & Herstellung, Wiesbaden
Druck: GGP Media, Pößneck

817 2635 4453 6271

Inhalt

Vorwort

Die Sonne bringt es an den Tag

Die Astrologie soll uns helfen, die Eigenarten des menschlichen Charakters zu ergründen. Der erste Teil dieses Buches beleuchtet die zwölf Sternzeichen nach dem Sonnenstandshoroskop und erläutert ausführlich, wie sich Frauen und Männer aus den einzelnen Tierkreiszeichen nach Meinung astrologischer Forscher verhalten und wie sie als Partner zueinander stehen. Dabei werden die männlichen Tierkreistypen als Beispiel herangezogen, aber gleichzeitig die weiblichen Typen vorgestellt, damit die Leserinnen erfahren, welcher Partner am besten zu ihnen passt. Die Sonne bringt auch an den Tag, wie sich Kinder nach diesen oft jahrtausendealten astrologischen Leitsätzen entwickeln.

Das Einzige, was in einem Horoskop nicht ausgerechnet werden muss, ist das Tierkreiszeichen, in das wir geboren wurden. Damit jeder Leser genau weiß, in welchem der Zeichen sein Geburtstag liegt, folgen nachstehend die genauen Daten für die einzelnen Zeichen:

Widder	21. März bis 20. April
Stier	21. April bis 20. Mai
Zwillinge	21. Mai bis 21. Juni
Krebs	22. Juni bis 22. Juli
Löwe	23. Juli bis 23. August
Jungfrau	24. August bis 23. September
Waage	24. September bis 23. Oktober
Skorpion	24. Oktober bis 22. November
Schütze	23. November bis 21. Dezember
Steinbock	22. Dezember bis 20. Januar
Wassermann	21. Januar bis 19. Februar
Fische	20. Februar bis 20. März

Der Frühlingsanfang, der sich vor etwa 2000 Jahren mit dem Sternbild Widder deckte, liegt heute längst im Wassermann. Gegner der Astrologie schlossen aus dieser Tatsache, dass die gesamte astrologische Wissenschaft Scharlatanerie ist. Dem halten die Astrologen von heute entgegen, dass die Tierkreiszeichen, vor über 2000 Jahren einmal nach den Sternbildern benannt, nur eine Einteilung auf der Sonnen- und Planetenbahn darstellen. Man übernahm sowohl die Namen, als auch die jahrtausendealten Erfahrungen der Sterndeuter, und übertrug sie in die heutige Zeit – unter besonderer Berücksichtigung der neuesten Erkenntnisse. Trotzdem bleibt für die heutigen Astrologen ein Widder stets ein Widder, auch wenn die Sonne zur Zeit von dessen Geburt längst im Sternbild der Fische steht.

Unser Sonnen- oder Sonnenstandshoroskop vermag also auch heute noch, die physische und Kernzüge der psychischen Entwicklung des Menschen zu deuten.

Das symbolische Leitbild für das Unbewusste, die Seele des Menschen, ist der Mond, der im Gegensatz zur rein männlichen Schöpferkraft der Sonne die weibliche, gefühlsmäßige Seite widerspiegelt. Um diese Erkenntnis herauszustellen, haben wir den zweiten Teil des Buches „Das Mond-Horoskop der 12 Sternzeichen" genannt. Er schildert in knapper Form, welche psychischen Veränderungen der Mond hervorruft.

Lesen Sie also zunächst das Sonnenstandshoroskop der Menschen, die unter den 12 Sternzeichen vom Widder bis zu den Fischen geboren wurden. Wir wünschen Ihnen viel Spaß beim Lesen.

Georg Haddenbach

Widder

(21. März bis 20. April)

Das Jahr des Tierkreises beginnt mit dem 21. März, dem Frühlingsanfang, wenn die Sonne in das Sternzeichen Widder tritt. Menschen, die unter diesem vom Planeten Mars beherrschten Feuerzeichen geboren wurden, sind sehr naturliebend und wandern gern. Doch wie das Wetter Ende März und im April sind sie unbeständig: Einmal sind sie fröhlich und leben unbeschwert in den Tag hinein, dann wieder sind sie niedergeschlagen und wirken unsicher. Sie sind leicht zu begeistern, aber ihre Begeisterung klingt schnell ab. Sie spielen den Starken und wollen dabei oft nur die eigenen Schwächen verbergen. Von daher bringen sie auch die gehörige Portion Dickkopf mit, die es einem nicht leicht macht, mit ihnen gut Freund zu sein. Wenn sie sich etwas in den Kopf gesetzt haben, sind sie schwer davon abzubringen, auch wenn Vernunftgründe dagegen sprechen. Aber sie sind freigiebig, und ihr Pflichtgefühl ist beinahe sprichwörtlich. Sie sind meist von guter Gesundheit, weil ihre Energie Krankheiten sehr schnell besiegt. Kopf und Gesicht sind besonders gefährdet, vor allem die Gehörorgane, die Augen und die Bronchien. Ihre Sternzeichen-Farbe ist Rot, ihr Metall Eisen, Glückssteine sind Diamant, Amethyst und Sardonyx.

Müde Widder-Männer gibt es nicht

Partnerinnen von Widder-Männern bestätigen es: Er ist der reizendste, liebenswürdigste und zärtlichste Mann der Welt. Man muss nur immer hochschauen zu diesem Wundergebilde von Kraft und Schönheit, dann hat man den Himmel auf Erden. Wenn nicht, lernt man seine Schattenseiten kennen: Er ist ein Meister der Taktlosigkeit, ohne sich dabei das Geringste zu denken.

Chefs mögen seine nach vorn strebende Art, seine Ideen und seinen nur auf den Erfolg gerichteten Arbeitseifer. Der Widder-Mann gibt nie auf. Das hat manchmal Nachteile: Er kann sich auch in eine erfolglose Sache verrennen. Dann steht er wieder einmal am Anfang, muss sich durchbeißen, drängt wieder nach vorn und kommt schließlich doch ganz oben an.

Dieses stete nach vorne Drängen läßt selbst körperlich kleine Widder-Männer größer erscheinen, als sie sind. Ihr Gang ist nicht leichtfüßig, eher wie das Stampfen einer Dampfmaschine. Bis ins hohe Alter hinein hält sich die frische, oft rosige Haut. Über den meist kleinen Augen wölben sich manchmal gewaltige Brauen, die – in der Mitte zusammengewachsen – das Zeichen des Widders bilden. Schauen Sie ihm in die Augen; wenn er den Blick aushält und ihn mit feuriger, fast hypnotischer Kraft zurückgibt, dann ist es bestimmt ein Widder.

Er hält sich für absolut ehrlich und neigt dazu, seinen Mitmenschen ständig Wahrheiten an den Kopf zu werfen, die jedermann brüskieren. Freilich hindert ihn die Wahrheitsliebe oft nicht am Flunkern. Er ist ein Meister des Erzählens spannender Geschichten, die er selber glaubt, deren Wahrheitsgehalt man aber besser nicht nachprüft. Widersprechen Sie ihm nicht; er ist zwar antiautoritär im Denken, aber mag es gar nicht, wenn an seiner Autorität gekratzt wird.

Wie schon gesagt, der Widder-Mann ist ein guter Arbeiter. Keine Überstunde ist ihm zu viel, wenn nur der Laden läuft. Sein Chef wäre gut beraten, ihm bald eine kleine Gehaltsaufbesserung zu geben; eine Rangerhöhung würde diese sogar in Grenzen halten. Denn am Gelde hängt beim Widder-Mann nicht alles – ein aufmunterndes Wort genügt ihm schon, um ihn zu neuer Höchstleistung anzuspornen. Anerkennung ist für den Widder-Mann lebenswichtig; wenn er sie nicht erhält, sucht er sich bald eine neue Stelle, in der er hochgejubelt wird.

Es gibt Widder, die immer auf der Suche sind und manchmal in einem einzigen Jahr drei oder vier Stellen durchmachen, unter dem von der frühlingshaften Natur mitgegebenen Motto: Das Wandern ist des Widders Lust.

Als Chef versucht er, die stets den Erfolg suchende Arbeitslust auf seine Mitarbeiter zu übertragen. Er ist nicht knauserig – manche Gehaltsaufbesserung außer der Reihe kann dabei herausspringen, aber auch mancher Rausschmiss, der vor dem Arbeitsgericht verhandelt werden muss. Bei aller Härte: Ein Widder-Mann vergisst schnell. Wenn er ein Unrecht einsieht, was allerdings nicht allzu oft geschieht, entschuldigt er sich und reicht Ihnen versöhnlich die Hand. Sprechen Sie von nun an nicht mehr von der Geschichte, sonst könnte Sie der ganze Zorn des Widder-Mannes treffen, und der ist fürchterlich. Sein Temperament ist durch nichts zu überbieten, und man kann getrost behaupten: Müde Widder gibt es nicht! Das Rastlose, die Unruhe hält bis ins hohe Alter an.

Auch in der Liebe will der Widder-Mann perfekt sein. Frauen, die an ihn gerieten, wissen: Man weint diesem Lehrmeister in Sachen Sex viele Tränen nach, sofern ihn die Wanderlust packte. Für ihn gibt es eigentlich keine Liebe auf den ersten Blick, denn er kauft nie die Katze im Sack. Er probiert oft und studiert viel, bis er glaubt, die einmalige Herzensdame gefunden zu haben, der er seine feurige Liebe schenken kann – ein Leben lang.

Man sollte ihn nicht enttäuschen: Schon die kleinste Störung in den Beziehungen, eine bissige Bemerkung können den Widder-Mann davon überzeugen, dass die, welche er zu lieben glaubte, seine heiße Liebe nicht verdient. Und so wechselt er und studiert weiter, bis endlich die Richtige kommt, die er aufs Standesamt führt. Ihr bleibt er treu – bedingungslos. Sein Dickkopf beharrt auf der einmal getroffenen Entscheidung, auch wenn er längst weiß, dass die ihm Angetraute nicht alles hielt, was sie vor der Ehe versprach. Ehescheidungen gibt es darum, trotz des Widders Wankelmut in anderen Fällen, herzlich wenig unter diesem Zeichen, es sei denn, er hat den Zwilling im Aszendenten.

Dafür kommt es in einer vom Widder-Mann angeführten Ehe häufig zu Reibereien. Nicht jede Gattin ist so einsichtig, ihren Herzensgemahl für den Allergrößten zu halten.

Er will eine adrette Frau – Schlampen haben bei ihm gleich ausgespielt. Rat an Widder-Freundinnen: Merken Sie sich sein Lieblingsparfüm – er wird darauf hereinfallen und Ihre Füße küssen. Lassen Sie ihn nur auf dem Sockel, den er für sein Denkmal vorbereitet hat. Hat er erst einmal erkannt, dass Sie, was ihn betrifft, nicht die Emanzipierte spielen möchten, wird er Sie auf Händen tragen.

Wer den Widder hat, sollte bedenken, dass er das teuerste Stück ist, das man gewinnen kann: Er ist familiär und seinen Kindern ein treu sorgender, guter Vater, obwohl diese oft in ihm nur den gebieterischen Tyrannen sehen.

Die Widder-Frau – kostbare Leihgabe der Natur

Eine Widder-Frau gibt es nicht zu kaufen – sie schenkt sich höchstens selbst her. Wer sie bekommt, hat sie leihweise.

Mit dem Erobern ist das freilich so eine Sache. Zwar träumt ein jedes Widder-Mädchen von dem Helden, der es im Sturme nimmt, aber noch längst nicht jeder hergelaufene Rittersmann kommt für solche Stürmerei infrage. Die Widder-Dame ist wählerisch. Und sie wählt lange. Manchmal zu lange; dann ist sie allerdings auf der Erfolgsleiter des Berufs emporgeklettert und hat den Helden nicht mehr nötig. Nicht, dass die Widder-Frau zu ichbezogen wäre. Bewahre! Sie kann ihr letztes Hemd herschenken oder den letzten Pfennig, wenn es nur jemanden glücklich macht. Aber sie ist wie ihr männlicher Sternzeichen-Kollege von sich überzeugt, dass sie eines der prachtvollsten Einzelstücke auf dieser Erde ist.

Sie probiert oft, nippt hier und dort ein wenig am Nektar der Liebe. Manchmal zieht sie sogar zu ihrem Auserwählten und kurz drauf wieder

11

aus, wenn sie meint, dass er doch nicht der Richtige war. Dabei ist sie beileibe kein leichtes Mädchen – sie hat es nur schwerer als andere, die schneller zufrieden sind. Und überdies kann sie leichter ohne Mann auskommen, als viele andere Sternenkinder, von denen wir in diesem Buch noch lesen werden.

Die Widder-Frau sucht ihren Helden, aber in der Ehe glaubte sich schon mancher von ihr zum Pantoffelhelden degradiert. Schließlich ist sie für Gleichberechtigung, und wenn sie schon neben ihrem Göttergatten die Hausfrau spielen muss – sei's drum! So soll er wenigstens lernen, das Geschirr abzutrocknen und die Schuhe zu putzen! Trotzdem möchte sie einen ganzen Kerl als Mann haben – keinen, der ihr ständig Koseworte zuflüstert. Sie weiß selbst, dass sie überall bewundert wird.

Wie gesagt, die Widder-Frau sucht sehr lange. Wenn sie aber den Einzigartigen gefunden zu haben glaubt, lässt sie ihn nicht aus den Fängen. Und wenn sie ihm selbst den Heiratsantrag machen müsste! In der Ehe ist sie treu. Sie geht sogar manchmal den untersten Weg, um dem Mann ihrer Wahl Liebe zu beweisen. Sie ist eine leidenschaftliche Geliebte, aber wenn sie merkt, dass ihr Gemahl sich gar zu oft mit Sitzungen und beruflichen Verpflichtungen entschuldigen lässt, zieht sie ihre Schlüsse und sucht sich selbst auf solchen „Sitzungen" zu erfreuen. Dann ist es aus, und die Scheidung steht ins Haus.

Eine Widder-Frau kann kaum zwei Männer auf einmal lieben, sie muss innerlich bereits mit einem von beiden Schluss gemacht haben; das genügt, um dem zweiten ihre ganze Leidenschaft zu schenken. Dabei bräuchte die souveräne Widder-Frau eigentlich gar keinen Mann. Sie ist selbstständig genug, ihr Leben auf eigene Füße zu stellen.

Viele moderne Managerinnen, Politikerinnen und Unternehmerinnen sind unter dem Mars-Zeichen geboren. Sie machen den Männern vor, wie man führt, lenkt und leitet. Sie können auch die perfektesten Sekretärinnen sein, aber dann müsste der Chef sehr viel Verständnis für sie aufbringen und sie selbstständig schalten und walten lassen. Eine Widder-Frau ordnet sich nun einmal nicht gern unter. Am besten betätigt sie sich in einem freien Beruf oder als Lehrerin, wo sie einer Klasse unmündiger Kinder ihren Stempel aufdrücken kann.

Wenn sie einmal in einem Beruf Fuß gefasst hat, möchte sie ihn meistens nicht gern aufgeben, um „nur" noch Hausfrau zu sein. Ihr Auserwählter tut gut daran, ihr die Chance zu lassen, die gemeinsamen Brötchen mitzuverdienen. Die Widder-Frau ist eine gute Mutter, aber sie ist auch streng. Sie gibt ihren Kindern zwar eine gehörige Portion Taschengeld, verlangt aber, dass die Kleinen es in Werten wie Schulheften und Schreibgeräten anlegen, weniger in Zuckerzeug. Trotzdem ist ihre Erziehung freizügig. Schon das Baby darf in der Wiege schreien, so lange es ihm beliebt: Die Widder-Frau betrachtet Beschwerden gehörgeschädigter Nachbarn als böswillige Einmischung in fremde Angelegenheiten.

Die Widder-Dame hat viel Humor. Sie lächelt oft sogar noch, wenn sie sich eigentlich vor Schmerzen krümmen müsste: Selbst, wenn sie schwer krank ist, will sie keinem zeigen, wie es um sie steht. Sie offenbart der Umwelt nicht gern ihr innerstes Ich, in dem manch versteckter Minderwertigkeitskomplex schlummert. Sie gehört einem männlichen Zeichen an, aber im tiefsten Innern ist sie ein schwaches Weib, leicht gekränkt, schnell verletzt. Sie wird keinem Krach aus dem Wege gehen; denn wo es blitzt und donnert, ist die Mars-Tochter daheim. Aber sie wird niemandem etwas nachtragen; keine noch so schändliche Kränkung erscheint ihr wert genug, nicht zu verzeihen. Die Verzeihung erwartet sie auch von den anderen, die sie mangels ausgeprägtem Taktgefühl beleidigte. Sie beharrt zwar bis zuletzt auf ihrem Standpunkt, aber sie sieht auch ihr Unrecht ein, entschuldigt sich und hofft, die Sache sei erledigt.

Die Widder-Frau hat Ideale und Träume. Niemand sollte es wagen, diese zu zerstören. Wer mit ihr auskommen will, sollte mit ihr träumen und ihr mit der gleichen Ehrlichkeit gegenübertreten, die sie täglich praktiziert. Vielleicht wird dann aus dem harten Widder sogar noch ein zartes Lämmchen.

Wie erzieht man Widder-Kinder?

Um es vorweg zu sagen: Ein rechter Widder bleibt zeit seines Lebens ein Kind; denn nur Kinder können sich erlauben, so viel Eigenwillen zu besitzen. Schon im zartesten Alter möchte das Mars-Kind Mittelpunkt des Hauses sein. Guter Rat: Machen Sie einen schalldichten Raum zum Kinderzimmer Ihres Widders. Lassen Sie ihn dort schreien, wenn mit Zuwendung und Güte nichts zu erreichen ist.

Ihr Kind ist stürmisch. Es klettert schon früh in Nachbars Garten und auf verbotene Bäume. Aber manchmal stellt es sich dabei ungeschickt an: Dem Widder blühen schon im zartesten Alter blaue Flecken und blutige Risse. Das Kind denkt aber mit: Wenn es sich einmal die Finger am gerade gekochten Gelee verbrannte, wird es nicht noch einmal die Finger in die heiße Brühe stecken. In der Schule dürfte es selten Schwierigkeiten haben, aber nur zu gern lassen Widder-Kinder ihre Hausarbeiten liegen. Sie sollten sie ab und zu einmal loben; denn Lob ist für Widder-Sprößlinge etwas, für das man sogar Hausarbeiten in Kauf nimmt.

Die Partnerinnen des Widder-Mannes

Die Widder-Frau streitet mit

Von wegen „Gleich und Gleich gesellt sich gern" – was ein echtes Mars-Kind ist, das will kämpfen und siegen. Und so reiben sich dann der Widder-Mann und seine Widder-Frau stets aneinander. Zunächst spielt möglicherweise einer von beiden den Verträglichen; aber eines Tages geht auch ihm der Hut hoch. Dann fliegt das Porzellan und vielleicht sogar einer der beiden Streithähne aus dem heimischen Nest in ein anderes. Wenn aber Widder und Widderin einsehen lernen, dass Partnerschaft den Lebenskampf leichter bestehen lässt, dann können sie, Seite an Seite streitend, die silberne oder gar die goldene Hochzeit miteinander feiern und auf ein Eheleben zurückblicken, das so gut wie nie langweilig war.

Bei der Stier-Frau an der Leine

Widder-Mann und Stier-Frau sind auf den ersten Blick ein ungleiches Paar: er – der Temperamentvolle, Rastlose, Aktive, sie – die Beherrschte, Hartnäckige, Sparsame. Aber schon kurz nach den Flitterwochen merken die beiden, wie sehr sie sich eigentlich ergänzen. Sie kann mit dem Geld vortrefflich umgehen, das er gern in rauen Mengen ausgeben möchte. Darf sie den häuslichen Finanzminister spielen, lässt sie ihn kommandieren; und das tut dem Widder gut. Die Stier-Frau versteht etwas von sinnlicher Liebe und weiß den hitzigen Widder-Liebhaber schon bald zum gefühlvollen Ehemann umzustimmen. Und wenn er, der Naturverbundene, auf Wanderschaft gehen will, dann wandert sie mit: Eine Stier-Frau lässt dem Widder alle Freiheiten, wenn er nur an ihrer Leine geht!

Fröhliche Spielchen mit der Zwillinge-Frau

Es ist mehr ein Steppenbrand, den die Zwillinge-Frau entfacht, denn müde Glut am heimischen Holzkohlengrill. Das ist dem Widder-Mann sympathisch, nicht umsonst ist er in einem Feuerzeichen geboren. Lustig geht's zu in dieser Ehe, weil die Zwillinge-Frau gar zu gern lacht. Das steckt auch den sonst so ernsten Widder an. Er ist ein Draufgänger in der Liebe, sie schätzt mehr die fröhlichen Spielchen zu zweit, die zunächst alle Leidenschaften zügeln, bis sie mit elementarer Naturgewalt ganz von selbst den Höhepunkt erreichen. Hier sollte sich der Widder weise anpassen – die Freude wird am Ende um so größer sein. Und er sollte seine Zwillinge-Frau öfters mal ganz groß ausführen, mit ihr verreisen; denn bei aller Liebe zu ihrem geschmackvoll eingerichteten Heim würde sie in den eigenen vier Wänden allmählich versauern.

Die Krebs-Frau und ihr Innenleben

Hat der Widder-Mann eine Krebs-Dame erobert, sollte er sich völlig umstellen, sonst kann, was mit heißer Liebe begann, bald vor dem Scheidungsrichter enden. Der Widder ist nun mal gerade heraus, sagt manches harte Wort und denkt sich nichts dabei. Das trifft die Krebsin tief: Sie zieht sich in ihr reiches Innenleben zurück und ist für ein Weilchen nicht ansprechbar. Der Widder muss freiwillige Selbstkontrolle üben, sonst bricht des Krebses Tränenkrüglein endgültig entzwei. Übt er aber Selbstbeherrschung, wird sie ihm ein liebendes Weib sein, das ihm ein Nest baut, in dem er sich wohl fühlen kann.

Lebenskampfgemeinschaft mit der Löwe-Frau

Er will führen, sie will herrschen, denn beide sind unter einem Feuerzeichen geboren. Wie Magnete ziehen sich Widder und Löwin vor der Ehe an, man versteht und verständigt sich – oft zu einer Blitzhochzeit. Es kann eine ideale Ehe werden, wenn beide ihre Kraftfelder in Übereinstimmung bringen. Dabei darf sich der Widder-Mann keine Blöße geben; er muss der Löwin beweisen, dass er auf jedem Gebiet sattelfest ist. Sonst wird sie ihm Entwicklungshilfe leisten wollen, den Führer, ehe er sich versieht, zum Unterführer degradieren und unter ihre Oberhoheit zwingen. Gelingt es dem Widder aber, der Löwin zu imponieren, wird die Ehe zur haltbaren und meist auch sehr glücklichen Lebenskampfgemeinschaft.

Geduld mit der Jungfrau-Geborenen

Die Verständigung zwischen zwei so gegensätzlichen Typen ist recht schwierig: Der Widder strebt nach Wolkenkuckucksheim, der Jungfrau-Dame ist das Bodenständige lieber. In der Ehe kann das zu Komplikationen führen: Sie könnte seinen Tatendrang hemmen, weil sie in allen seinen Plänen noch das berühmte „Haar in der Suppe" findet; ihn könnte ihre pingelige Ordnungsliebe zum Wahnsinn oder aus dem Hause treiben.

Die Jungfrau-Geborene wird den Haushalt perfekt führen und den gemeinsamen Kindern eine gute Erzieherin sein. Aber die heißblütige Geliebte, die er sich wünscht, wird sie nur unter behutsamer Anleitung werden; denn Jungfrauen zeichnet nicht nur kühle Gelassenheit, sondern manchmal auch Prüderie aus. Er sollte Geduld üben – aber welch reinrassiger Widder kann das schon?

Die Waage-Frau gibt gern nach

Im Sexuellen haben sie sich gesucht und gefunden – ob das allerdings allein Grundlage für eine dauerhafte Verbindung zwischen Widder-Mann und Waage-Frau sein kann, wird sich in der Ehe erweisen müssen. Er ist der Kämpfer, sie die Diplomatin: Ist er angriffslustig, wird sie um des lieben Friedens willen nachgeben.

Aber gerade das kann der Widder-Waage-Ehe einen Knacks geben: Er will den Widerstand spüren und ihn brechen! Er ist nicht gerade der Ausdauerndste, braucht Rat und Ermunterung, um nicht vor dem lockenden Ziel noch zu erlahmen. Die Waage-Dame kann ihm beides geben, und so wird er an ihrer Seite Karriere machen, zumal sie auch jemand ist, den man herzeigen kann. Nur eins kann die treue Gattin ihm nicht verzeihen: Wenn er daheim taktlos zu poltern beginnt und seine schlechte Laune an ihr auszulassen versucht. Das würde die Flamme der Leidenschaft plötzlich verlöschen lassen.

Die Skorpion-Frau schlägt zurück

Mars beherrscht nicht nur den Widder, er regiert auch im Skorpion mit. Das macht das Zusammenleben zwischen Widder-Mann und Skorpion-Frau so abwechslungsreich: Kommt er ihr angriffslustig, schlägt sie zurück. Sie müssten schon die beiderseitige Aggressivität auf einen gemeinsamen Nenner bringen, um viel im Leben zu erreichen. Die Skorpionin hat ihrem Widder viel Ausdauer und Beharrungsvermögen voraus. Das kommt der Durchführung seiner himmelstürmenden Pläne zugute, die sonst mit der Zeit in irgendeiner Schublade verschwinden könnten. Sie lässt ihm den Ruhm, wenn sie nur kassieren kann.

In der Liebe zahlt die Skorpion-Frau mit gleicher Leidenschaft zurück. Wenn der Widder nur nicht so gern auf anderer Mädchen hübsche Beine schauen würde! Das bringt die Skorpionin in Rage; schon ein scheeler Blick des Ehemanns in anderes Revier lässt ihre Eifersucht überkochen.

Plappermäulchen Schütze-Frau

Das Schütze-Mädchen ist für den Widder gleich entflammt, auch wenn es noch gerade irgendwo anders zündelte. Und da beide wie füreinander geschaffen scheinen, drängt er auf schnelle Verbindung. Aber die Schützin zaudert, will sich nicht gleich dem Widder mit Haut und Haaren unterwerfen. Schließlich ist sie wie er unter einem Feuerzeichen geboren und will ihre Unabhängigkeit so lange wie nur möglich behalten. Haben sie dann endlich den Weg zum Standesamt gefunden, versuchen beide, das Beste aus der Ehe zu machen. Wenn er nur nicht so eigensinnig und sie nicht solch Plappermäulchen wäre! Sofern aber Widder und Schützin taktvoll des anderen Fehler übersehen, könnte die Ehe durchaus ein Leben lang halten.

Die Steinbock-Frau will mitbestimmen

Mit Widder und Steinbock geraten Mars und Saturn aneinander. Und das tut, wenn sich nicht beide immer wieder selber zur Ordnung rufen, auf die Dauer kaum gut. Die Steinbock-Frau ist nicht unbedingt das Hausmütterchen, von dem der Widder vielleicht träumt. Sie ist emanzipiert, möchte mitverdienen und mitbestimmen, auf keinen Fall aber von einem Liebesspiel ins andere torkeln. Das könnte ihn, den Draufgänger, bald vermuten lassen, er habe einen Eiszapfen erobert. Dabei kann die Steinbock-Dame sehr zärtlich sein.

Der Patriarch der Wassermann-Frau

Schon beim Anbandeln zeigt es sich: Widder und Wassermann-Frau verständigen sich auf Anhieb. Mit ihr kann er eine Blitzehe eingehen, ohne dass es ihn wenig später schon reut. Das Wassermann-Mädchen versteht des Widders geheimste Leidenschaften herauszukitzeln. Es macht ihm Mut, wenn er vor einem Neubeginn steht, und packt tatkräftig mit an, um der Familie einen höheren Lebensstandard zu sichern. Eine Wassermann-Frau tut immer nur das, was sie will, auch wenn sie dem stolzen Widder-Mann weismacht, er sei der letzte Patriarch in einem emanzipierten Zeitalter. Hüten sollte er sich, nach anderen Blumen auszuschauen, die da am Wege blühen: Seine Wassermann-Gefährtin ist nicht eifersüchtig, aber sie schlägt sofort zurück!

Zart besaitetes Fische-Seelchen

Wenn das nur gut geht mit dem recht oft polternden Widder-Mann und dem zart besaiteten Fische-Seelchen! Ihn zog vielleicht das mädchenhaft Scheue an, sie die männliche Beschützerkraft. Aber in der Ehe sieht manches anders aus, das in der Liebe Maienblüte rosig überzuckert war. Dann sieht er in ihr das Tränentier, das bei jedem schiefen Wort losheulen kann, und sie in ihm den Tyrannen, der wie ein Ungeheuer auf ihren zarten Gefühlen herumtrampelt. Die Fische-Dame ist auch nicht unbedingt der Typ, der den Widder zur Ausdauer in der Verfolgung seiner hoch gesteckten Ziele anregen kann: Er wird an ihrer Seite vieles beginnen, aber nicht unbedingt alles erreichen.

Stier

(21. April bis 20. Mai)

Am 21. April tritt die Sonne astrologisch in das Tierkreiszeichen Stier. Das Wetter bessert sich zusehends, wird beständig: Der Mai ist für viele die schönste Zeit des Jahres. Das Wetter färbt auch auf die Stier-Menschen ab; sie haben sehr viel Selbstvertrauen, ihr Charakter ist ausgeglichen. Sie lieben die Bequemlichkeit und sind sehr empfänglich für gutes Essen, aber auch für geistige Nahrung. Nichts kann sie so leicht aus der Ruhe bringen. Sie lieben den Frieden. Wenn man sie aber reizt, können sie wutschnaubend alles um sich herum niederwalzen. Das geschieht nicht oft, aber wenn es doch einmal passiert, suche man schleunigst das Weite. Stier-Menschen sind sehr ordnungsliebend, ihre Nonchalance kann sie jedoch Unordnung leicht ertragen lassen. Sie gehen stets korrekt gekleidet, aber pingelig genau sind sie nicht. Als robuste Naturen sind sie nicht so leicht umzuwerfen. Erkrankungen drohen vor allem im Bereich des Halses, der Kehle und der Schultern; manchmal machen ihnen auch die Nieren und der Stoffwechsel Kummer. Und natürlich die Figur; man isst ja so gern und viel. Venus beherrscht dieses Erdzeichen, dessen Farbe Hellgrün ist. Das Glücksmetall ist Kupfer, die Glückssteine sind der helle Saphir, der Moosachat und der Karneol.

Der Stier-Mann und die Frau seiner Träume

Stier-Männer sind praktisch veranlagt, sie denken langsam, dafür aber um so gründlicher. Nichts scheint sie aus der Ruhe bringen zu können. Ihr sanguinisches Temperament deutet auf ein friedliches Familienleben, auf eine praktizierte Koexistenz am Arbeitsplatz hin. Bis sie dann auf einmal platzen, scheinbar ohne Grund. Der Grund wird nachgeliefert; er besteht aus Dutzenden von kleinen Mosaiksteinchen, die sich aus Demütigungen, Eifersucht, Rachegefühl und beleidigtem Stolz zusammensetzen können. Das geschieht allerdings nicht oft. Mancher Stier-Mann hat solche Zustände nie. Das deutet auf ein glückliches Familienleben hin, auf Zufriedenheit am Arbeitsplatz: Er hat seine egoistischen Pläne durchgesetzt und ist am Ziel angelangt, das er sich gesteckt hatte. Er kann ein guter Freund sein, aber er erwartet von seinen Freunden, dass sie ihm mit der gleichen Hilfsbereitschaft entgegenkommen, die er ihnen gewährt. Manchmal freilich dauern für ihn Freundschaften auch nur so lange, wie sie ihm selber Nutzen bringen können. Nicht, dass es dann zum großen Krach käme – ein echter Stier-Mann macht das eleganter, zieht um und ward nicht mehr gesehen.

Er schließt nicht allzu schnell Freundschaften, und auch in der Liebe wägt er, bevor er sie für gut befindet. Das Mädchen seiner Wahl aber wird er so lange beknien, bis es ihn erhört. Die Frau seiner Träume kannte ihn manchmal noch gar nicht so recht, als er sie schon für seinen künftigen Haushalt verplant hatte. Oft schickte er ihr Blumengrüße, und es machte ihm gar nichts aus, dass sie über den „lästigen Vogel" schimpfte: Eines Tages traf man sich, und die Umworbene musste gestehen, dass der Stier-Mann eigentlich der einzig Richtige sein könnte. Hat seine Herzallerliebste endlich ja gesagt, wird sie nicht mehr so leicht von dem Stier loskommen: Er ist treu und verfolgt das Prinzip, dass man sich vom einmal Erworbenen nicht trennen sollte. Er braucht eine Geliebte, eine Mutter seiner Kinder, aber auch ein Mädchen, das Geld oder gute Beziehungen mit in die Ehe bringt und das andere wegen seiner Gescheitheit bewundern.

In der Ehe kann die Dame an der Seite ihres Stier-Mannes den Himmel auf Erden haben, wenn sie Hausfrauentugenden und gesellschaftlichen Schliff zeigt. Er mag, dass seine Frau bewundert wird (es fällt ja Glanz auf ihn selbst dabei ab), aber werden die bewundernden Blicke zu intensiv, wittert er Nebenbuhler. Neben dem Skorpion-Mann ist wohl der Stier-Mann das eifersüchtigste Geschöpf unter dem Sternenhimmel. Er kann seine Ehefrau tagelang zu Hause einsperren, nur weil ein kleiner Flirt seinen Argwohn erregte.

Frauen, die selbst in der Ehe herrschen möchten, werden bald davon absehen: Er mag eine gescheite Frau, aber sie sollte nicht unbedingt gescheiter sein wollen als er. Er mag auch eine Frau, die im Berufsleben Sprosse um Sprosse höher klettert, aber sie sollte – so will es seine Eitelkeit – eine Sprosse auf der Erfolgsleiter unter ihm stehen bleiben.

Der Stier-Mann dürstet nach Freiheit; das heißt aber nicht, dass er den Durst anderer unbedingt auch stillen möchte. Beleidigt man ihn, kann er wie ein Eisklotz reagieren, aber auch wie ein Stier, dem man das rote Tuch zeigte.

Das brachte ihn im Berufsleben schon mal um eine bessere Stellung. Meist aber zügelt er sein Temperament, weil er eine feste Position zu schätzen weiß. Man sollte ihm Verantwortung geben, ihn in eine leitende Stellung versetzen. Dort wird er seinen Mann stehen, und seinen Untergebenen Vorbild sein, dem keine Arbeit zu viel ist. Möglicherweise ist einer unter seinen Mitarbeitern gescheiter als er, aber niemand ist ein solcher Dauerbrenner wie der Stier-Mann.

Auch am Arbeitsplatz liebt er den Frieden, doch ein schiefes Wort schon kann aus dem Dauerbrenner einen Dauerrenner machen: Mancher Stier-Mann wechselt so lange die Stellung, bis ihm eine endlich passt, wo er getreu bis zur Pensionierung bleiben kann.

Als Chef ist der Stier-Mann freundlich und geduldig, solange seine Mitarbeiter fleißig sind und ihre Arbeit zum Wohl der Firma korrekt erledigen. Er wird sogar über gelegentliches Faulenzen hinwegsehen. Dauerfaulenzer aber sollten sich hüten: Ihr Stier-Chef wird sich das Spielchen einige Zeit anschauen, ohne dabei seine sprichwörtliche Freundlichkeit zu verlieren, bis sie verwundert per Einschreiben mit Rückantwortschein den blauen Brief ins Haus bekommen.

Ein Stier-Chef ist nicht unbedingt der fortschrittlichsten einer. Er hat viele Ideen, aber sie sind alle auf Sparsamkeit gerichtet. Sein Wahlspruch lautet: „Was nützt mir eine teure neue Maschine, wenn's eine gebrauchte alte auch tut!" Er will seinen Besitzstand mehren, aber nicht um den Preis der Sicherheit des bereits Erarbeiteten.

Er ist eigensinnig und möchte in allem die letzte Entscheidung haben, aber er hält auch eigensinnig an den Leuten fest, die er einmal eingestellt hat. Dieses geduldige Beharren macht den Stier-Mann nicht nur als Chef so liebenswert.

Müde Männer mag die Stier-Frau nicht

Venus war ihre Taufpatin und schenkte ihr die Attribute echter Weiblichkeit: Bei der Stier-Frau versteht man, warum ihr Sternbild trotz des männlichen Wappentieres zu den weiblichen gezählt wird. Die lateinische Göttin der Schönheit und der Liebe gab ihrem Liebling alles mit, wonach sich Männer sehnen: viele Sexbomben wurden unter dem Stier-Zeichen geboren. Aber sie hat auch andere Qualitäten. Mancher müde Mann könnte an ihrer Seite aufgemöbelt werden, wenn nicht ein Hindernis im Wege stünde. Müde Männer mag die Stier-Frau nicht. Obwohl sie gern das Sagen in der Familie haben möchte, will sie doch neben sich einen Mann, zu dem sie aufschauen kann. Und mag die Stier-Frau noch so verliebt sein, sie wird bei allen leidenschaftlichen Gefühlen, derer sie fähig ist, doch immer auch die Vernunft walten lassen: Die Kasse muss stimmen, und die Zukunft einigermaßen abgesichert sein.

Ansonsten ist es einer Stier-Frau gleichgültig, ob ihr Herzensmann ein Adonis ist: Er muss nur ihr treu ergeben sein und kein Wandervogel, der von einem Nest zum anderen fliegt. Sie liebt die Natur und weiß, dass auf krumm gewachsenen Bäumen oft die schönsten Früchte wachsen. Das Stier-Mädchen hat viel Geschmack; es wird seine Wohnung mit exquisiten Möbeln und echten Perserteppichen ausstatten wollen. Das kommt teuer. Auch auf schicke Kleidung nach der letzten Mode legt sie Wert, und um ihren Hals herum muss es blitzen von echtem Geschmeide.

Die Stier-Frau liebt das ruhige Leben. Unfriede stört ihren ganzen Körperhaushalt. Sie überlegt sich manchmal nicht, dass sie selbst oft Grund zu Streit und Zank gibt: Ein schiefes Wort und sie ist auf einhundertachtzig, schmollt, trotzt und weint vor Zorn.

Sie hat ein weiches Herz. Wenn ihr Mann die Stellung verliert, wird sie sich, ohne viele Worte zu verlieren, eine Arbeit suchen, um die Familie über Wasser zu halten, bis Vater wieder was gefunden hat. Sie verlangt keinen Dank dafür – Hauptsache, man kommt wieder aus dem Schlamassel!

Ihren Kindern ist sie eine herzensgute Mutter. Aber wenn die Kinder ins schulpflichtige Alter kommen, möchte sie Leistung sehen. Auf Faulheit kann sie erbarmungslos hart reagieren. Da die Stier-Mutter aber pädagogisches Talent besitzt, wird die Härte zum Nutzen der Kinder anschlagen, und sie werden keinen seelischen Schaden nehmen. Die Stier-Frau ist meist eine exzellente Köchin. Man sollte sie in der Küche allein werkeln lassen, denn Topfgucker sind ihr ein Gräuel. Obwohl sie langsam wirkt, wird sie jede Arbeit erfolgreich abschließen. Ihr ist nichts zu viel, wenn es nur mit Bedacht durchgeführt werden kann. Auch in der Liebe liebt sie das Behutsame. Sie möchte noch ein wenig Romantik ins Eheleben retten. Gute Musik kann sie in Stimmung bringen, aber auch ein zärtliches Wort. Das Vorspiel ist ihr oft wichtiger als der leidenschaftliche Abschluss.

Nur wenige Stier-Frauen bleiben allein. Wer sie je enttäuschte, lädt eine große Schuld auf sich: Eine verlassene Stier-Frau wird sich entweder kopflos in ein Abenteuer stürzen oder auf Bewerber um ihre Gunst von nun an misstrauisch reagieren. Und oft dehnt sie dieses Misstrauen auf jeden aus, der in ihre Nähe kommt. Findet sie doch noch einmal ins Ehejoch, wird sie nach getrennten Schlafzimmern und jährlich einmal nach Ferien vom Ich verlangen.

Der beste Beruf, den eine Stier-Frau ausüben könnte, wäre der einer Hausfrau. Die vielseitigen Anforderungen erfüllt sie vollkommen. In jedem anderen Beruf übt sie oftmals harte Selbstkritik nach dem Sokrates-

Wort: Ich weiß, dass ich nichts weiß! Das macht sie zur guten Wissenschaftlerin oder Lehrerin. Auch in der Modebranche kann sie Überragendes leisten.

Stier-Frauen sind nicht immer die Schnellsten, aber was sie anpacken, hat Hand und Fuß. Oft schießen sie über das Ziel hinaus, und dann kommt es zu Zusammenbrüchen, die mehrere Spezialärzte auf einmal beschäftigen können. Vielleicht findet erst ein Psychotherapeut das Mittel, das helfen kann.

Obwohl die Stier-Frau im Allgemeinen gegen jede Krankheit ankämpft, bedient sie sich ihrer auch manchmal als Mittel zum Zweck: Manches Stier-Mädchen, das vor einer Prüfung stand, bekam schon hohes Fieber, aus Angst, trotz der vielen vorher schlaflos durchgearbeiteten Nächte schlecht abzuschneiden. Die Hysterie, in die sich einige Stier-Frauen vor entscheidenden Ereignissen hineinsteigern, bewirkt zwangsläufig echte Krankheitszustände.

Die Mädchen aus dem Sternzeichen Stier lieben lange Diskussionen, in denen sie meist den Ton angeben, weil sie sich schnell für eine Idee begeistern können, sie widersprechen gern, wenn sie sich im Recht glauben. Aber sie können sofort einlenken, wenn sie merken, dass sie auf dem Holzweg waren.

Und der schönste Zug an ihnen: Sie tragen nichts nach. Sie sind hart im Geben, aber auch im Nehmen. Manch einer hält sie für unverträglich, dann hat er aber nicht bemerkt, dass sie in Wirklichkeit nicht gern ihr eigenes Ich vor anderen Leuten ausbreiten möchten.

Wer einer Stier-Frau öffentlich widerspricht, bekommt Zunder, dass ihm Hören und Sehen vergeht. Jeder sollte daher den Kontakt unter vier Augen suchen, und er wird merken: Es gibt keinen, der so offen eigene Fehler bekennen kann wie die Stier-Frau.

Wie erzieht man Stier-Kinder?

Am Anfang steht der Eigensinn: Ein im Tierkreiszeichen Stier geborenes Kind spuckt alles aus, was ihm nicht behagt. Wenn es nicht will, will es nicht – da helfen keine guten Worte und schon gar nicht Schläge, die den Eigensinn nur noch verstärken könnten.

In der Schule erscheint das Stier-Kind manchmal ein wenig denkfaul. Dem ist nicht so: Während andere Kinder des Lehrers Weisheit nachplappern, nimmt sie das Stier-Kind in sich auf; Gelerntes bleibt ein Leben lang sitzen.

Das Stier-Kind braucht ausgeglichene Eltern, die nicht gleich die Ruhe verlieren, wenn es gerade wieder einmal bockt. In Wirklichkeit ist es sehr verträglich und der beste Spielkamerad für die Geschwister. Es wird, ob Bub oder Mädel, der Mutter im Haushalt zur Hand gehen. Sein Taschengeld wird es zum Teil ins Sparschwein stecken, zum anderen Teil in Naschereien anlegen.

Die Partnerinnen des Stier-Mannes

Die Widder-Frau bringt Unruhe mit

Der Stier-Mann träumt vom gemütlichen Heim, von gesicherten Verhältnissen und sich mehrendem Besitzstand. Die Widder-Frau aber bringt Unruhe in sein Leben. Wenn er die traute Zweisamkeit pflegen möchte, will sie zu Freunden, auf Gesellschaften. Erst wenn er bemerkt, dass solch gesellschaftliche Verpflichtungen auch finanziellen Nutzen abwerfen können, wird er sich ohne Murren mit seiner Frau in den Trubel stürzen. In den rosaroten Stunden der Liebe ist die Widderin dem liebeshungrigen Stier eine ebenbürtige Partnerin. Nur im Finanziellen kann es zu Meinungsverschiedenheiten kommen, dann nämlich, wenn die Widderin das vom Stier sauer verdiente Geld zu schnell wieder unters Volk bringen möchte.

Wechselschritt mit der Stier-Frau

Wenn's um Geldverdienen geht, sind sich Stier-Mann und Stier-Frau einig: Beide haben ein Gespür für günstige finanzielle Transaktionen. Auch in der Liebe müssten die Venuskinder schnell zusammenfinden. Aber bei gleichen Sternzeichen ist das oft so eine Sache: Der anfängliche Gleichschritt geht nur zu bald in einen Wechselschritt über. Und dann merkt der eine, wenn er von Liebe spricht, dass der andere gerade ans Materielle denkt. Der angeborene Eigensinn tut ein Übriges, und so bockt man und macht sich gegenseitig das Leben so schwer wie nur möglich. In diesem Fall sollte die Stier-Frau beweisen, dass Frauen doch die besseren Diplomaten sind, und sich scheinbar ihm unterordnen. Der Stier-Mann wird's ihr mit treuer Liebe danken.

Die launischen Einfälle der Zwillinge-Frau

Was der Stier-Mann nicht hat, das hat die Zwillinge-Frau in besonderem Maße. Und umgekehrt. So könnte es eigentlich zu einer fröhlichen, abwechslungsreichen Ehe kommen. Aber man muss zuvor ein paar Abstriche machen: Der Stier-Mann wird nervenstärkende Mittel gebrauchen, denn die Zwillinge-Frau hat immer wieder neue launische Einfälle. Die Zwillinge-Dame sollte ihren angeborenen Drang zu wenn auch harmlosen Flirts mäßigen: Ihr Stier-Mann könnte das missverstehen und blind vor Eifersucht Gleiches mit Gleichem zu vergelten trachten.

Von der Krebs-Frau träumte er

An der Seite der Krebs-Frau findet er, was er sich erträumte: ein gemütliches Heim. Sie wird ihn und die gemeinsamen Kinder bemuttern und stets mit dem Haushaltsgeld auskommen. Geld ist für ihn etwas Erstrebenswertes, für sie Mittel zum Zweck. In der Liebe vermag sie ihm viel zu geben, wenn er zärtlich ist und stets neu um sie wirbt. Ein schiefes Wort – und sie könnte den Rückwärtsgang einschalten, der ja bekanntlich dem Krebs zu Eigen ist. Kleinigkeiten waren es oft nur, die eine Stier-Krebs-Ehe auseinander brachten.

Die Löwe-Frau liebt den Luxus

Was der Stier-Mann will, wird er auch durchführen. Bei der Löwe-Frau ist es genauso. Leider treffen sich die beiden meistens nicht in gemeinsamem Wollen; dann zieht der eine nach rechts und der andere nach links, und jeder vertritt mit Vehemenz seinen eigenen Standpunkt. Außerdem möchte die Löwin in der Ehe gern herrschen, und das macht den Stier-Mann bockig. In der Fürsorge für ihre Familie treffen sie sich wieder, und im Sexuellen gibt es für die beiden sowieso keine Schwierigkeiten. Auch den Luxus, den der Stier mit seinem Gespür für Geld und Besitz sich im Laufe der Jahre erarbeitet, verachtet die Löwin nicht.

Mit der Jungfrau zum Wohlstand

Jungfrau und Stier sind Realisten; sie wollen gemeinsam ihr Häuschen bauen und der Familie zu Wohlstand verhelfen. Was der Stier-Mann erarbeitet, legt die Jungfrau-Dame in sicheren Werten an. In der Liebe geht es nicht allzu leidenschaftlich zu; denn die Jungfrau-Geborene ist eher kühl und reserviert, wenn sie auch dem Liebesverlangen des Stiers willig entgegenkommt. Das könnte die sonst gute Verbindung zwischen Jungfrau und feurig veranlagtem Stier leicht stören.

Eine Waage-Frau verlangt Zärtlichkeit

Zwei Venuskinder haben sich mit Stier-Mann und Waage-Frau gefunden. Doch die Venus des Stiers ist recht diesseitiger Art, während der Waage Venus mal himmelhochjauchzend und dann wieder zu Tode betrübt ist. Möglichst schon vor der Ehe sollte der Stier sich einen höheren Lebensstandard gesichert haben; denn mit leichter Hand gibt die Waage-Dame aus, was er schwer erarbeitete. Sie schenkt ihm dafür ein gemütliches, mit allerlei teuren Kostbarkeiten ausgestattetes Heim. Die Entscheidungsgewalt (Stiefkind unter der Waage!) nimmt er ihr ab, und sie ist ihm dankbar dafür. Der Stier-Mann sollte zärtlich zu ihr sein und sein Ungestüm bremsen; denn sie ist eine Romantikerin, die noch das Liebesspiel bei Kerzenschein schätzt.

Die Skorpionin steht in Opposition

Stier und Skorpion stehen, astrologisch gesehen, in Opposition zueinander. Aber meistens ziehen sie sich unwiderstehlich an, was für beide Leiden mit sich bringen kann. Den Oppositions-Aspekt überwinden Stier-Mann und Skorpion-Frau am besten, wenn sie sich auf ihre vielen Gemeinsamkeiten besinnen: Beide lieben ein gepflegtes Heim, beide auch das Geld und den Wohlstand, den man sich dafür kaufen kann. Im Sexuellen haben sie die gleichen leidenschaftlichen Gefühle. Wenn der Stier sich also dazu überwinden könnte, den Herrn im Haus in den ehelichen Kleiderschrank zu hängen, und die Skorpion-Dame ihren nimmermüden Giftstachel nur zum Besprühen anfälliger Pflanzen verwendet, könnte der Ehestand von Dauer sein.

Reinfall mit der Schütze-Frau?

Man kann es ruhig sagen: Der Stier ist auf die Schützin hereingefallen. Ob es aber ein Reinfall wird, kann erst in der Ehe entschieden werden, weshalb viele Stiere noch einige Zeit abwarten, bevor sie mit der Schütze-Geliebten vors Standesamt treten. Der Schützin ist das nur recht; denn die Freiheit geht ihr über alles. Sie plappert gern, und er muss das Zuhören lernen. In der Ehe nimmt sie die Hausarbeit nicht allzu ernst. Das stört ihn, weil er viel Sinn für ein gepflegtes Heim hat. Außerdem mag er nicht, wenn seine Frau auch seine Sachen in irgendeinen Winkel verräumt. Völlige Harmonie herrscht im Sexuellen, aber die Gefühle bleiben meist an der Oberfläche.

Schicksalspakt mit der Steinbock-Frau

Die Verbindung zwischen Stier und Steinbock ist die beste Sparkasse. An der Seite der Steinbock-Frau kann der Stier-Mann sich alle hochgeschraubten materiellen Wünsche erfüllen. Meist werden die beiden „aus Vernunftgründen" noch ein wenig mit der Hochzeit warten wollen, um sich schon vor der Ehe durch und durch kennen zu lernen. Aber es wird nicht allzu lange dauern, bis Stier und Steinbock merken, dass man schon in der Verlobungszeit zur echten Schicksalsgemeinschaft zusammengewachsen ist. In der Ehe schätzt er an seiner Steinbock-Frau den Sinn fürs Praktische, sie an ihrem Stier-Mann den nimmer erlahmenden Ehrgeiz nach Geld und Besitzstand. Und da sie auch auf sexuellem Gebiet nicht übereinander zu klagen haben, könnte der Stier-Mann mit seiner Steinbock-Frau eine nahezu ideale Ehe führen.

Die Wassermann-Frau mag keinen Pascha

Die Wassermann-Frau wird des Stier-Mannes Ausschließlichkeitsanspruch mit einem Lächeln zur Kenntnis nehmen, aber nie und nimmer anerkennen. Sie schätzt zwar sein Streben, ihr jeglichen Luxus zu bieten, aber da die Wassermann-Frau Geistiges dem Materiellen stets vorzieht, läuft der Stier-Mann hier gewissermaßen ins Leere. Trotzdem macht sie ihm Mut, sein „Hobby", finanzielle Werte zu schaffen, erfolgreich weiter zu betreiben, und er dankt's ihr mit treuer Anhänglichkeit. Nur wenn er daheim den Pascha spielen will, sieht die Wassermann-Frau rot. Dann kommt es zu jenen handfesten Ehekrächen, die die ganze Nachbarschaft unterhalten können. Am Ende ist die Wassermann-Frau der nachgebende Teil, aber der Stachel sitzt von Mal zu Mal tiefer.

Die Fische-Frau leidet im Stillen

Obwohl die Fische-Frau unter der herrischen Art des Stier-Mannes manchmal leidet, wird eine Ehe zwischen diesen eigentlich recht gegensätzlichen Sterntypen meist harmonisch verlaufen. Die Fische-Dame passt sich nämlich an, auch wenn sie im Stillen leidet. Sie bewundert des Stieres direkte Art, seinen Sinn für Erfolg versprechende Unternehmungen. Und er macht ihr, der Unentschlossenen, Mut. Wenn er krank ist, legt sie sich voller Mitleid zu ihm ins Bett und wird dabei kränker als er. Fische-Frauen können niemanden leiden sehen. Sie sehnen sich nach den Streichelkünsten eines zärtlichen Mannes. Man mag bezweifeln, ob ein Stier-Mann da der Richtige ist.

Zwillinge

(21. Mai bis 21. Juni)

Die Sonne steht vom 21. Mai bis 21. Juni im Tierkreiszeichen Zwillinge. Die Natur wechselt vom heiter-beschwingten Frühling in den Sommer. Aus zarten Blüten bilden sich Fruchtansätze, die in der Sonne Glut reifen. Menschen, die in dieser Naturwende geboren wurden, tragen zwei Seelen, ach, in ihrer Brust. Mal sind sie himmelhochjauchzend, dann zu Tode betrübt. Ihre Entscheidungen kommen schnell, aber sie sind ebenso schnell wieder umgestoßen und oft gar ins Gegenteil verkehrt. Der Regent der Zwillinge ist der Merkur, der sie mit Vernunft begabte, aber auch nicht gegen ihre Natur ankommt: Zwillinge-Menschen lassen in entscheidenden Augenblicken ihres Lebens stets das Herz sprechen, auch wenn Vernunftgründe dagegen stehen. Ihre Versprechungen und Vorsätze sind ernst gemeint, aber sie werden oft nicht eingehalten. Sie wollen stets auf dem kürzesten Weg zum Erfolg gelangen, und in ihrem Eifer rennen sie darum gegen manches Hindernis an, statt es elegant zu überspringen oder zu warten, bis es ein anderer für sie wegräumt. Das kostet Nerven, und die Nerven sind darum auch des Zwillinge-Menschen schwächster Teil neben den Atmungsorganen. Die Farbe des Luftzeichens ist Hellgelb, das Glücksmetall Quecksilber (was auch auf der Zwillinge Temperament schließen lässt), ihre Glückssteine sind Goldberyll (der Stein der Reisenden), Bergkristall, Goldtopas und auch der Aquamarin.

Der Zwillinge-Mann
lässt sich nicht anketten

Der Zwillinge-Mann ist tolerant, ein Mann des Wortes, das er freilich nicht immer hält, ein glänzender Redner, der andere zu überzeugen weiß. Er kann analysieren und kommt meist auf den Kern der Sache, die es gerade zu behandeln gilt. Seine Gegner werden manchmal schimpfen, er drehe ihnen das Wort im Munde herum und benutze die Lüge als Mittel höherer Diplomatie, aber sie übersehen dabei ganz, dass der Zwilling seine „Lügen" glaubt.

Er wird seine Talente als Journalist oder Schriftsteller, als Lehrer oder Erzieher, vor allem aber auch als Politiker an den Mann bringen können. Als Bankier könnte man sich ihn denken, aber auch als Scheckbetrüger, wenn die schlechten Aspekte seiner Nachtseele durchschlagen sollten. Als Händler wird er im guten wie im schlimmen Sinne in Erscheinung treten. Trotz dieser Zwiespältigkeit in seinem Wesen: Man unterstelle ihm nie eine böse Absicht – verschlungen sind halt die Pfade, auf denen er den Erfolg um jeden Preis sucht.

Unstet ist oft sein Leben. Er wird viel unterwegs sein, um Neues, Interessantes zu erfahren. Der Zwillinge-Mann lässt sich nicht gern anketten. Er sucht zwar die Begegnung mit dem anderen Geschlecht, aber er möchte auch in der Ehe seine Freiheit nicht verlieren. Trotzdem bindet er sich erstaunlich oft an Frauen, die rechte Hausmütterchen, seinem Typ also scheinbar völlig entgegengesetzt sind. Das machen die zwei Seelen in seiner Brust: Im Grunde sehnt er sich nach Ruhe am häuslichen Herd, sein Temperament jedoch drängt nach außen, in die weite Welt, in Gesellschaften, wo er seine Diskutierwut voll ausspielen kann. Es ist kein leichtes Leben an der Seite dieses Mannes, auf dessen Launen und launige Reden man sich täglich neu einstellen muss.

Der Zwillinge-Mann ist ein charmanter Plauderer, er versteht etwas von der Liebe und von den Frauen. Manche mögen ihn leidenschaftlich, aber verstehen wird ihn kaum eine. Zu schillernd ist sein Charakter: Einmal kann er am Kaminfeuer die heißesten Liebesschwüre leisten, dann wieder bekrittelt er scheinbar ohne Grund alles, was die Herzallerliebste an sich hat.

Er wird nie lange einer Frau nachweinen, die er einmal geliebt hat; denn er hat Angst vor dem Alleinsein. Darum bindet sich der Zwillinge-Mann immer wieder neu, auch wenn die letzte Bindung schief gelaufen war. Ein Zwilling kann es, wenn sein Aszendent nicht mildernd auf seinen zwiespältigen Charakter einwirkt, mindestens auf drei Frauen bringen. Eine liebende Frau sollte auf die Eigenarten des Zwillinge-Charakters eingehen und ihm ein wenig Freiheit lassen. Sie müsste vor allem geistig mit ihm harmonieren und verstehen lernen, dass er nun mal gern hübschen Mädchenbeinen hinterher schaut. Und sie sollte auch bedenken, dass Liebesabenteuer, von denen ihr Zwilling spricht, meist dichterisch-gekonnt ausgeschmückt sind: Das Lächeln einer Schönen verwirrte ihn so, dass er sich schon mit ihr im aufreizendsten Liebesspiel sah. Nur sagen sollte die gescheite Ehefrau einem Zwilling nie, dass sie seine Geschichten von amourösen Abenteuern nicht glaube – er würde in Zukunft schweigen und zur Tat schreiten: Der werde ich's jetzt mal zeigen! Der Zwillinge-Mann ist ein guter Kamerad, der geduldig die Querelen seiner Freunde anhört und immer Rat weiß. Seinen Kindern ist er kein allzu strenger Vater; er wird ihnen viel Nützliches beibringen und sie unmerklich auf den Weg lenken, von dem er annimmt, dass es der rechte ist. Kinder eines Zwillinge-Mannes fühlen sich manchmal unverstanden, denn ihr Vater übt oft scharfe Kritik, um im nächsten Moment freilich in überschwängliches Lob zu verfallen. Das Einzige, was sie ihm wirklich vorwerfen könnten, ist, dass er sie eigentlich zu sehr verwöhnt.

Als Chef hält der Zwillinge-Mann nicht viel von Traditionen, sondern urteilt mehr nach der Nützlichkeit seiner Mitarbeiter. Er ist ein Meister schneller Entschlüsse, die er aber ebenso schnell wieder verwerfen kann. Gute Vorschläge seiner Mitarbeiter übernimmt er und münzt sie in eigene Pläne um. Er ist zu jedermann verbindlich, aber hinter dieser Verbindlichkeit steckt oft etwas Abweisendes. Mitarbeiter, die mit persönlichem Kummer zu ihm kommen, wird er als lästig empfinden, aber er wird ihnen trotzdem zu helfen versuchen. Er braucht den Betrieb, die Unruhe, und das brachte schon manche Firma eines Zwillinge-Chefs an den Rand des Ruins. Nur gut, dass ein echter Zwilling, dank seines Verstandes, immer wieder rasch einen Ausweg aus prekären Situationen findet.

In untergeordneten Stellungen sollte man des Zwillinge-Manns Redetalent richtig einsetzen: Seine Überzeugungskraft macht ihn zum perfekten Verkäufer. An den Schreibtischstuhl gefesselt wird er nur halb so viel leisten; er fühlt sich beengt und – selbst in einem Großraumbüro mit hundert Angestellten – einsam. Und er beginnt zu träumen, von den hübschen Mädchen, von einem Fußballspiel oder von einer Beethoven-Sonate. Derweil bleibt die Arbeit liegen – mögen sie andere tun! Es ist der wache Verstand, der Zwillinge-Männer schnell aus untergeordneten Stellungen nach oben bringt. Wenn sie ein Ziel vor Augen haben, können sie schuften wie keiner. Aber ihre Schaffenskraft erlahmt schnell, wenn sie sehen, dass ihre Leistung nicht anerkannt wird.

Die Geheimwaffe der Zwillinge-Frau

Meist sind sie zierlich: Zwillinge-Frauen halten auf Linie. Sie können sich zu asketischer Lebensweise zwingen, aber es fällt ihnen schwer, von Genussmitteln loszukommen, wenn sie sich einmal daran gewöhnt haben.

Ihre Geheimwaffe ist der Flirt. Sie kann Männer glauben machen, sie wäre leicht zu haben. Meistens bleiben sie bei diesem Glauben; denn – geschickt, wie sie ist – entzieht sie sich den allzu Stürmischen mit weiblicher Schläue.

Die Zwillinge-Frau probiert viel, aber sie kann sich schlecht entschließen. Wer meint, er hätte sie erobert, dem zeigt sie plötzlich die kalte Schulter: Im Grunde genommen möchte sie es sein, die erobert, und nicht die brüchige Festung, die ein Rittersmann leicht in seine Gewalt zwingen kann. Man sollte meinen, bei solcher Charakteranlage müsste es sich schwer leben neben einem Zwillinge-Mädchen – nichts da! Bei aller Forschheit ist es ein weicher Typ, eine Romantikerin auf der Suche nach der großen Liebe.

Der Mann ihrer Wahl müsste perfekt sein. Glaubt sie ihn gefunden zu haben, kommen die Zweifel: Das kann er nicht und das auch nicht – ist er wirklich der Richtige? Zunächst schwelen solche Zweifel noch im Untergrund, doch keine Zwillinge-Frau kann lange etwas für sich behalten. Schon sprudelt das Plappermäulchen über. Und dann kann beißende Ironie und heftige Kritik beenden, was einst in rosaroter Liebe begann.

Wer sie zum Altar führt, sollte sie zur gleichberechtigten Kameradin machen, sie überallhin mitnehmen, zum Sport, in die Ferien und sogar auf Geschäftsreisen. Er sollte ihre angeborene Flirtneigung übersehen – im Grunde sucht sie über den Flirt doch nur den Mann ihres Herzens. Die Zwillinge-Frau möchte zu ihrem Mann aufsehen können. Aber die zwei Seelen in ihrer Brust können sich oft nicht entscheiden: Sie mag seine Musikalität – aber muss es immer Oper sein? Ballett wäre ihr lieber! Es gibt Tage, an denen man ihr nichts, aber auch gar nichts recht machen kann, und andere, da fließt sie über vor zuckersüßen romantischen Gefühlen, und das ausgerechnet dann, wenn ihr Herzensmann das größte berufliche Chaos zu ordnen hat.

Der Mann glaubte eine einzige Frau zu heiraten und gewann mit der Zwillinge-Dame einen ganzen Harem – eine Frau fürs Herz, eine fürs Streiten, ein ewig plapperndes Gänslein und eine perfekte Gesellschafterin, eine zu Tode Betrübte und eine, die immer lacht und alles lächerlich findet. Es gibt noch eine ganze Reihe Nebenfrauen – und doch ist es immer die Eine.

Ihre Kinder wird sie zu unabhängigen Menschen erziehen, sie wird ihnen die Lehre auf den Lebensweg mitgeben, dass Fröhlichkeit und Lachen in allen Lebenslagen besser sind als Griesgram und Tränen. Die Zwillinge-Mutter wird sich nicht unbedingt allzu sehr um ihre Kinder bemühen – dafür hat sie selbst viel zu viele Probleme. Aber sie wird in entscheidenden Augenblicken für ihre Kinder da sein.

Schade nur, dass der Unabhängigkeitsdrang vieler Zwillinge-Frauen so groß ist, dass sie einfach nicht den Richtigen finden wollen, der Vater ihrer Kinder werden könnte. So bleibt ihnen oft die Mutterschaft verwehrt. Aber die Gefühle bleiben, wenn nicht für Kinder, dann für Katzen oder anderes Hausgetier: man muss ja was zum Schmusen haben! Und es bleibt auch der Beruf, den sie in der Ehe nur ungern aufgibt, wenn sie sich nicht für die geborene Hausfrau hält (was ja auch immerhin ein ernst zu nehmender Beruf ist!). Sie wählt am liebsten einen Job, in dem sie unabhängig bleiben kann: Schriftstellerin vielleicht oder Journalistin, Lehrerin oder auch Handelsvertreterin, in dem sich ihre Zungenfertigkeit voll entfalten kann.

Wie der männliche Zwilling strebt sie nach oben, und es gelingt ihr, manchen Kollegen aus dem Rennen zu werfen, wenn es um eine höhere Position geht: Sie kann die Ellenbogen benutzen und manchmal sehr unfein sein, wenn es gilt, mit List und Tücke Erstrebtes zu erreichen. Aber sie ist auch die gutherzige Kameradin, die jedem die Arbeit abnimmt, die jede Vertretung übernimmt, nur damit die Kollegin oder der Kollege ein paar Ruhestunden mehr haben. Auch im Beruflichen steckt die Zwillinge-Dame voller rätselhafter Widersprüche.

Hat sie sich einmal ganz nach oben gearbeitet, wird sie die herzensgute Chefin spielen. Sie hält zwar den Finger aufs Geld, aber wenn ihr Mitarbeiter hervorragende Leistungen zeigt, wird sie ihm wahrscheinlich sogar außer der Reihe Lob und Gehaltserhöhung geben. Sie wird sich schnell entscheiden, aber Entscheidungen ebenso schnell zurückziehen, wenn ihr von irgendeiner Seite eingeflüstert wurde, sie sei etwas zu weit gegangen. Sie ist zu harter Kritik vor versammelter Mannschaft fähig, aber sie hält, möglicherweise im selben Augenblick, auch nicht mit Lob zurück.

Manch einem erscheint die Zwillinge-Frau wankelmütig – sie ist es nicht. Sie lässt sich nur zu leicht zum Spielball ihrer Launen machen. Sie ist ein unruhiges Wesen mit dünnen Nervensträngen, weshalb Nervenärzte und Psychotherapeuten viele Zwillinge-Damen zu ihren Kunden zählen. Die Unruhe treibt sie oft in die Ferne – justament in dem Augenblick, als man glaubte, sie sei endlich sesshaft geworden. Den guten Willen, sich in diesem oder jenem Fall zu bessern, kann ihr niemand absprechen. Aber da der Weg der Besserung oft ein sehr weiter ist, kommt sie nur zu schnell von ihm ab.

Es gibt keine Frau, die so viel und so gern – oft über die unsinnigsten Dinge – lacht. Man sollte zeitweilig mit ihr lachen, dann könnte man ihr Herz leichter erobern. Aber im rechten Moment sollte man auf Ernsthaftigkeit umschalten können, denn Frohsinn und Ernst wachsen für die Zwillinge-Frau nahe beieinander.

Wie erzieht man Zwillinge-Kinder?

Man sollte den Eltern eines Zwillinge-Kindes gratulieren: Sie haben einen Sprössling bekommen, der anders ist als alle anderen Kinder. Schon der kleine Zwilling versucht hinter die Dinge zu kommen; man erzähle ihm nicht das Märchen vom Storchenteich, sonst lässt er sich anderwärts aufklären. Er hat viel Fantasie, die er oft so ausspinnt, dass weniger gefühlvolle Geschöpfe ihn der Lüge zeihen könnten.

In der Schule lernt er mit, aber manchmal vergisst er die Schularbeiten; sein Zeitsinn ist nicht sehr entwickelt. Die höchsten Bäume sind ihm nicht zu hoch, weshalb er – auch wenn der Sprössling eine „Sie" ist – oft mit zerschundenen Beinen und zerrissenen Kleidern nach Hause kommt. Das Zwillinge-Kind stolpert manchmal über seine eigenen Füße, aber seltsamerweise weint es nicht wie andere Kinder, sondern es lacht über seine Tolpatschigkeit.

Man sollte diesem Kind nicht mit zu viel Zwang kommen, eher mit guten Argumenten. Und schon gar nicht sollte man ihm einen bestimmten Beruf vorschreiben wollen; ehe man den Rücken gewendet hat, wird es einen anderen ergreifen. Auf Liebe und Güte ist dieses Kind ansprechbar, Strenge lässt es trotzen.

Die Partnerinnen des Zwillinge-Mannes

Mit der Widder-Frau auf Reisen

Wenn Zwillinge-Mann und Widder-Frau es sich leisten können, sind sie ständig auf Reisen; denn hier kommt Unruhe ins Eheleben, die sich einen gemeinsamen Kanal sucht. Der Zwillinge-Mann ist begeistert von der Widderin hochstrebenden Plänen, weicht aber geschickt aus, wenn sie ihn unter ihren Willen zwingen will. Unbewusst sehnen sich beide nach einem gepflegten Heim, aber sie nehmen auch mit einem Wohnwagen vorlieb, der sie in weite Fernen entführen kann. Oft macht die Widder-Frau an der Seite dieses Mannes Karriere, und er lässt sie, weil zwei Einkommen mehr sind all sein einziges, berechnend gewähren. Auch im Sexuellen werden sich die beiden gut verstehen. Wenn nur nicht des Zwillings Launen und der Widderin Eigenwillen wären ...

Die Stier-Frau will ihn für sich allein

Wenn die Stier-Frau dem Zwillinge-Mann beweisen will, dass sie auch auf geistigem Gebiet überlegen ist, wird er das Weite suchen. Kein Zwilling mag das. Meist aber bewundert die Stier-Frau den geschliffenen Geist ihres Zwillinge-Ehemanns, und das gründet den Bestand dieser Ehe. Sie wird seine vielen Ideen auf ein gesundes Maß zurückschrauben und ihm beim Durchsetzen des Restes helfen. Die Stier-Frau ist sparsam und häuslich. Sie wird ihren Mann für sich besitzen wollen – das schmeichelt dem Zwilling zunächst, doch nur zu bald wird's ihm lästig. Dann bricht er aus der Ehe aus und macht getrennten Urlaub. Da sich die Stier-Frau aber meist vor der Ehe durch einen Ehevertrag abgesichert hat, lässt sie ihn gewähren und bucht für ihr Erspartes eine Reise in ferne Länder. Sie weiß: ihr Zwilling kommt zu ihr zurück.

Hitzige Debatten unter Zwillingen

In einer Zwillinge-Ehe wird viel gesprochen und über alles mögliche hitzig debattiert. Hier lebt man von den Launen des anderen und pflegt die eigenen. Beide, Zwillinge-Mann und Zwillinge-Frau, haben immer wieder neue Ideen, von denen sie viele zum eigenen und der Familie Nutzen verwerten. Die Liebe ist für sie eine wichtige Nebensächlichkeit, die mit viel Gefühl aufbereitet werden muss. Ihr stets gepflegtes Heim wird zum Mittelpunkt ihres großen Bekanntenkreises werden. Wenn beide die ihnen eigene Unstetigkeit bekämpfen, wird das Zusammenleben bis ins hohe Alter abwechslungsreich, aber zuweilen auch recht turbulent sein.

Die mütterliche Krebs-Frau

Sie scheinen wie geschaffen füreinander: der Zwillinge-Mann, sein Leben lang ein großer Bub (und wenn er sich auch noch so männlich zeigt), und die Krebs-Frau, an der er vor allem das Mütterliche schätzt. Sie schenkt ihm das gemütliche Heim, wenn er von Reisen oder unstetem Berufsleben nach Hause kommt; sie ist auch für die Gäste, die er anschleppt, eine selbstlose Gastgeberin. Und sie kann zuhören, wenn er von seinen Erfolgen spricht, obwohl ihr eigentlich Selbstbeweihräucherung ein Gräuel ist. Er schenkt ihr Liebe, die sie, die Sensible, ihm doppelt zurückzahlen kann. Leider sind beide oft launisch und haben keine Nerven wie Drahtseile. So kommt es zu Spannungen, und es geht oft so weit, dass er Götz von Berlichingen zitiert und mit Vehemenz die Tür hinter sich zuknallt. Worauf seine Krebsin sauer reagiert.

Bewunderung für die Löwe-Frau

Man ist sich sympathisch, man liebt sich – aber oft nur ein Machtwort zwingt den Zwillinge-Mann und die Löwe-Frau in eheliche Zweisamkeit. Sie wird dann die Treueste sein, und auch er muss treu sein, obwohl sie ihm Großzügigkeit vorgaukelt, die in Wirklichkeit mit handgeschmiedeten Kerkerketten gleichzusetzen ist. Wenn er gescheit ist (und das ist der Zwillinge-Mann immer), wird er von Zeit zu Zeit zu ihr aufschauen, ihre Kochkunst oder ihr Geschick, mit dem Geld umzugehen, bewundern. Sie sollte lernen zu übersehen, dass er auch einmal gern nach hübschen Beinen anderer Evas sieht, ohne sich dabei gleich etwas zu wünschen.

Die Jungfrau-Geborene mäkelt gern

Zwillinge-Mann und Jungfrau-Geborene sind beide geistig interessiert. Doch liebt er witzige Randbemerkungen, die sie ihm krumm nimmt, und sie mäkelt gern an allem herum. Das birgt Konflikte, die eine Ehe scheitern lassen können. Aber soweit braucht es nicht zu kommen. Schließlich haben der Zwilling und seine Jungfrau Köpfchen! Und so geht man aufeinander ein: er nimmt ihre ehelichen Pflichtübungen und sie seine Bewunderung für ihre hausfraulichen Qualitäten für echte Liebesbeweise hin. So baut man sich mithilfe der jungfräulichen Sparsamkeit ein Haus und lebt nebeneinander her.

Verliebt in die Waage-Frau

Man ahnt gar nicht, wie viele Zwillinge-Männer sich in Waage-Frauen verlieben. Und da beide von einem gepflegten Heim träumen, sind sie schneller auf dem Standesamt als manch andere. In der Ehe geht dann der Honigmond weiter; denn Zwilling und Waage bilden eine geistige Interessengemeinschaft. Da überdies der Zwillinge-Mann sein unstetes Herumwandern bei der Waage-Frau vergisst, und sie wiederum ihre Flirtbereitschaft von nun an nur auf ihn konzentriert, kann eigentlich an dieser Ehe nichts schief gehen.

Ungleiche Verbindung mit der Skorpion-Frau

Vom Zwillinge-Mann sagt man, erst seine dritte Ehe sei haltbar. Aber die Statistik beweist, dass unter den dritten Ehepartnern des Zwillings kaum eine Skorpion-Frau zu finden ist. Das mag vor allem darauf zurückzuführen sein, dass der Skorpion schon in der ersten Ehe den Zwillinge-Mann an Zucht und Ordnung gewöhnt. Trotzdem: Wenn die Skorpion-Frau und der Zwilling viel gegenseitiges Verständnis füreinander aufbringen, wird diese etwas ungleiche Verbindung zwischen einem beweglichen und einem festen Zeichen Bestand haben können. Bei der Skorpionin darf der Zwilling kein leeres Stroh dreschen, sondern nur ernsthafte Gespräche führen. Das kommt seiner Karriere zugute. Da überdies seine Skorpion-Frau sehr viel von der Liebe versteht, wird er am Ende einsehen, dass sie trotz allem eine passende Partnerin ist.

Zweckbündnis mit der Schütze-Frau

Schütze-Frau und Zwillinge-Mann sollten sich am besten erst dann zusammentun, wenn sie finanziell unabhängig geworden sind. Dann nämlich sind ihre Wünsche auf den gemeinsamen Nenner zu bringen, auf Gesellschaften zu glänzen, die Welt zu bereisen und vergnügt in den Tag hinein zu leben. Meist vergeht nach der ersten Leidenschaft schon die große Liebe und macht einem Zweckbündnis Platz, das durch ständige Streitereien, oftmals nur über Winzigkeiten, zu scheitern droht. Da überdies Statistiker Zwillinge-Männern und Schütze-Frauen die höchste Scheidungsziffer zuschreiben, ist hier die eheliche Zweisamkeit stets in Gefahr, wenn nicht beide durch negative Erfahrungen vor der Ehe zur besseren Einsicht kamen.

Die Steinbock-Frau gibt Halt

Die Steinbock-Frau ist für den Zwillinge-Mann der Antriebsmotor auf dem Wege zu Ruhm und Ehren. An ihrer Seite bekommt der etwas flatterhafte Zwilling jenen Halt, den er für sein ganzes Leben braucht, um oben mitmischen zu können. Die Steinbock-Dame sorgt dafür, dass das Bankkonto wachsen kann. Nur in der Liebe sollte der Zwilling nicht allzu sensibel reagieren, wenn seine Steinbock-Frau ihre Gefühle nicht so zeigen kann, wie er sich das wünscht. Das könnte in dem sonst kaum zu zerstörenden Schutz- und Trutzbündnis zwischen Zwilling und Steinbock-Frau den Schlusspunkt setzen.

Die gesellige Wassermann-Frau

Meist war es Liebe auf den ersten Blick, die einen Zwillinge-Mann und eine Wassermann-Frau zusammenführte. Beide haben die gleichen Ideale, beide die witzigen Einfälle, die ein Leben verschönern können. Zwilling und Wassermännin flirten gern, aber sie essen dann meistens zu zweit

41

zu Hause. Das Schöne an dieser Verbindung: Eifersucht wird kaum aufkommen, weil man doch immer wieder zueinander findet. Der Zwilling kann sich auf neue Ideen seiner Partnerin sehr schnell einstellen. Und er tut gut daran: Eine Wassermann-Frau ist kaum von einem einmal als richtig erkannten Entschluss abzubringen.

Der Eigensinn der Fische-Frau

Wenn er redet, bleibt sie stumm wie ein Fisch: Der Zwillinge-Mann hat dann das Gefühl, bei seiner Fische-Frau gegen eine Wand zu reden. Vor der Ehe reizte ihn ihr Eigensinn; denn der Zwilling ist neugierig und bereit, selbst die stärkste Festung im Sturm zu erobern. Das ist das Männliche, das die Fische-Dame an dem Zwilling so liebt. Für sie müsste der Honigmond ein Leben lang anhalten; sie möchte alles mit Gefühl. Sie braucht auch einen gewissen Halt im Leben, den ihr der etwas wankelmütige Zwilling nur dann geben kann, wenn er seinen Willen hier und da einmal dem Willen der Fische-Frau unterordnen könnte.

Krebs

(22. Juni bis 22. Juli)

Die Sonne erreicht ihren höchsten Stand, wenn sie von den Zwillingen in das Tierkreiszeichen Krebs wechselt. Nun beginnt der Sommer, die Reifezeit der Natur. Länger werden wieder die Nächte, in denen der Mond am meist wolkenlosen Himmel regiert. Er ist auch der Regent des Zeichens Krebs. Wie Ebbe und Flut reagieren die Menschen dieses Zeichens in rätselhafter Weise auf die Mondphasen. Mal sind sie heiter wie ein sonnenbestrahlter Sommertag, dann wieder launisch wie der Mond, der seine Gestalt scheinbar immer wieder wechselt, obwohl nur der Erdschatten sein Spiel mit ihm treibt. Krebs-Geborene sind Empfindungs- und Erkenntnismenschen. Sie sind leicht zu beeinflussen, auch wenn sie sich gegenüber ihrer Umwelt innerlich abkapseln. Sie sind oft unentschlossen und gehemmt, auf der anderen Seite aber sehr von sich überzeugt. Kritik können sie schlecht ertragen, Lob nur als Bestätigung dessen, was sie selbst schon wussten. Ärger fressen sie meist in sich hinein, woraus die erstaunlich große Zahl magen- und darmkranker Krebs-Menschen resultiert. Trotzdem sind sie widerstandsfähig und erreichen meist ein hohes Alter. Ihre Farbe ist Silberweiß, aber auch Grün wird von ihnen bevorzugt. Ihr Glücksmetall ist das Silber und ihr Glücksstein der grüne Smaragd.

Krebs-Mann – Wanderer zwischen zwei Welten

Es ist nicht Eigensinn, der den Krebs-Mann manchmal so herrisch und streng erscheinen läßt, eher ein Panzer, den er gegenüber allem trägt, das in sein Ich eindringen möchte. Aber unter der festen Schale trägt er einen dünnhäutigen Kern. Man kann ihn leicht verletzen, weshalb er sich aus reinem Selbsterhaltungstrieb gegenüber der harten, der falschen Welt abkapselt. In manchen Lebenslagen erweist er sich als ein etwas weltfremder Träumer.

Seine lebhafte Fantasie gaukelt ihm eine andere, eine Traumwelt vor, aus der er nie ganz zu lösen ist: immer wieder möchte er seine Träume in die Wirklichkeit versetzen – was bleibt, ist dann oft ein angekratztes Gemüt.

Er träumt auch von der idealen Frau an seiner Seite, aber die Frau seiner Träume findet er eigentlich nie; er stellt zu hohe Ansprüche an sein Ideal. Das hindert den Krebs-Mann nicht daran, in der jeweiligen Freundin zunächst das Traumbild zu sehen, das er sich selbst vorgaukelt. Aber wie seine Stimmungen und Launen werden auch die Freundinnen wechseln: Ein schiefes Wort kann vermeintliche Liebe zerstören. Dabei ist er durchaus ein großartiger Liebhaber, der sogar seine angeborene Scheu vergisst, wenn er die Richtige gefunden zu haben glaubt. Die Frau, die den Krebs-Mann erobern will, müsste nur das ewige Wechselspiel zwischen Ebbe und Flut hochherrschaftlicher Launen mitmachen, um ihn im rechten Moment um den Finger wickeln zu können. Gelingt es ihr nicht, ist der Krebs-Mann wieder einmal enttäuscht, und es wird ihm nicht in den Sinn kommen, dass die Verflossene auch von ihm enttäuscht sein könnte.

Ist er endlich das Wagnis Ehe eingegangen, wird er treu und häuslich sein. Seine Ehefrau muss sich allerdings damit abfinden, dass er ihr nicht alles erzählt, was ihn bewegt: Niemand kann sich rühmen, je ganz in das Seelenleben eines Krebs-Mannes eingedrungen zu sein. Er ist gutmütig und höflich, dann wieder mürrisch und verschlossen – das wechselt von einer Minute auf die andere.

Seinen Kindern ist er eigentlich eine zweite Mutter, die umsorgt und verhätschelt. Seine Liebe zu den Kindern ist vor allem Besitzerstolz: Sie sind sein zweites Ich, das sich von dem eigenen ersten um Gottes willen nicht zu trennen versuchen sollte. Manche Frau, die von ihrem Krebs-

Ehemann enttäuscht war, fand schon auf dem Umweg über die gemeinsamen Kinder zu ihm zurück; denn die Familie geht ihm über alles. Niemand in der Familie soll es schlecht haben; dafür sorgt schon des Krebses gute Beziehung zu Geld und festen Werten. Obwohl er recht sentimental sein kann, ist er, was die Finanzen angeht, ein sehr geschickter Taktiker. Er wird zwar immer klagen, wie schnell ihm das Geld durch die Finger gleitet, dabei jedoch verschweigen, dass er einiges auf Sparkassenbücher eingezahlt hat. Schließlich braucht ein Krebs Sicherheit! Jeder Chef sollte sich glücklich schätzen, einen Krebs-Mann zum Angestellten zu haben. Der kann wühlen und schuften! Auf Überstunden kommt es ihm nicht an, wenn sie nur gut bezahlt werden. Der Krebs-Mann ist ausdauernd und zielbewusst. Sein Arbeitseifer steigt ständig, sein Gehalt müsste es auch. Er gibt so schnell keine Tätigkeit auf, weil er nichts gern aufgibt, an das er sich einmal gewöhnte. Aber wenn er seine Arbeit unterbezahlt glaubt, macht er schneller Schluss, als manchem Prinzipal lieb ist. Kann er jedoch monatlich etwas beiseite legen, vergisst er seine Karriere und bleibt bis zur Pensionierung im selben Betrieb.

Bei den Kollegen ist er nicht unbedingt beliebt: Er kapselt sich ab, was ihm als Arroganz ausgelegt werden könnte, und er arbeitet wie ein Berserker, was für manchen auf Strebertum schließen lässt. Dabei sind ihm Ruhm und Anerkennung egal, wenn er nur vor sich selbst bestehen kann. Er ist ein Einzelgänger, der in der Gemeinschaft Sicherheit sucht. Dem Gestern ist der Krebs-Mann mehr zugekehrt als dem Morgen. Von der Vergangenheit weiß er, was sie brachte, die Zukunft aber liegt im Nebelhaften, aus dem Gefahr droht. Er klebt am Althergebrachten; seine Entscheidungen schließen das Wagnis aus. Darum bleibt er oft lieber Angestellter, als selbst Chef zu werden.

Wenn er den Sprung ins für ihn Ungewisse schließlich doch wagt, dann nur um Geld zu verdienen, sehr viel Geld. Er ist ein guter Chef, der seine Mitarbeiter am Verdienten teilhaben lässt, wenn sie dafür etwas leisten. Er ist nicht knauserig und schon gar nicht habgierig. Er kann sogar sehr großzügig sein: Der Erfinder des dreizehnten Monatsgehalts muss ein

Krebs-Chef gewesen sein! Wie sein Wappentier macht er lieber einen Schritt zurück, bevor er zwei Schritte voransetzt; so verfolgt er ausdauernd sein Ziel, von dem ihn auch gelegentliche Rückschläge nicht abbringen können.

Was Krebs-Männer am meisten hassen, ist Zwang. Sie tun, wenn auch bedächtig, alles gern freiwillig. Sie setzen, wo sie nur können, ihren Willen durch. Wer sie kritisiert, mag sich auf einen Gegenangriff gefasst machen, bei dem die Fetzen fliegen. Oder aber auf eisiges Schwiegen der schnell Beleidigten.

Der Krebs-Mann hat nur wenige gute Freunde, aber die können sich glücklich schätzen, von ihm ausgewählt zu sein. Er liebt den kleinen Kreis, in dem man dezent diskutieren kann. Das Laute mag er nicht. Die Sehnsucht treibt ihn manchmal in die Ferne: er verreist für sein Leben gern, nur dürfen ihn die Reisen nicht zu lange vom Zuhause abhalten – nur zu schnell macht dem Fernweh ein noch viel größeres Heimweh Platz. Können Sie jetzt verstehen, warum manche Krebs-Männer bis ins hohe Alter an Mutters Rockzipfel hängen bleiben?

Rätselhafte Krebs-Frau

Sie ist ein Vollblutweib, was immer man positiv oder auch negativ dazu sagen kann. Nirgends unter dem Sternenhimmel wird man eine empfindsamere Frau finden als im Zeichen Krebs, nirgends aber auch eine, die empfindlicher reagieren kann.

Manche Männer mögen meinen, sie sei ein armes Hascherl, das man ein Leben lang beschützen müsse. Bis das „Hascherl" sie vom Gegenteil überzeugt: Am Ende ist man selber der Beschützte! Die Krebs-Frau steht fest mit beiden Beinen auf der Erde, auch wenn sie eine romantische Träumerin zu sein scheint. Sie weiß sich durchzusetzen – im Beruf wie in der Ehe, und wenn sie zu weiblicher List greifen muss; unter dem Krebs können die Tränen fließen, die andere zum Einlenken zwingen. Die Krebs-

Frau ist geschaffen für die Liebe, aber es ist möglich, dass sie unter Liebe etwas anderes versteht als der Mann, der um sie wirbt. Gefühl ist bei ihr alles; man packe es in Watte, um es nicht zu verletzen. Sie schätzt den Kavalier der alten Schule mehr als den feurigen Liebhaber, der für sie wie ein Elefant im Porzellanladen wirkt. Die drei berühmten Wörter „Ich liebe dich" kommen nur schwer über ihre Zunge; denn sie meint, das brauche man nicht auch noch in Worten auszudrücken, man müsse es von selber spüren.

Das gibt der Krebs-Frau etwas Rätselhaftes, schier Unergründliches. Und gerade das ist es, auf was die Männer fliegen, wenn sie sich wieder einmal in männlicher Überheblichkeit als Eroberer einer Festung sehen. Viele Krebs-Mädchen wurden schon von den Männern enttäuscht. Aber sie ahnen nicht, dass sie sich manche Enttäuschung selbst zuzuschreiben haben: Nur zu oft missverstehen sie die wahren Absichten eines Mannes. Sie warten jedoch immer erneut auf den Prinzen, der sie auf sein Schloss entführt.

Das Schönste an dieser Frau: Ihr Prinz kann arm sein und das Schloss ein einziges Zimmer mit fließend Kaltwasser. Sie wird mit ihm durch dick und dünn gehen, wenn er nur ein bisschen zärtlich zu ihr ist, wenn er taktvoll übersieht, dass sie auch nur ein Mensch mit Fehlern ist. Rat an alle, die ein Krebs-Mädchen lieben: Streicheln Sie es, aber kritisieren Sie es nie. Es könnte die Kritik missverstehen und gleich zurückschlagen. Zeigen Sie Ihrer Krebs-Frau, sollte sie einmal krank sein, Ihr Mitgefühl – Mitleid mag sie nicht. Und sie mag noch manches andere nicht: Wer sich über die Krebs-Frau lustig macht, verletzt sie tief und wird zu Kreuze kriechen müssen, wenn er sie behalten will. Sie mag auch keine zweifelhaften Komplimente. Wer zu ihr sagt, sie sehe heute aber wirklich frisch und rosig aus, dem könnte sie beleidigt ins Wort fallen mit der Frage, ob sie denn gestern nicht vorteilhaft ausgesehen habe.

Die Krebs-Frau neigt dazu, manches negativ zu sehen. Das Positive überrascht und beglückt sie, aber sie will nicht so recht daran glauben. Wenn sie sich ein schickes Kleid kauft (und schick angezogen ist jede

Krebs-Frau!), dann wird sie ein dutzendmal an der Boutique, in der sie das Kleid nach langem Überlegen erstand, vorbeilaufen und all die anderen Kleider schöner finden. Sie ist nicht unzufrieden, aber sie muss sich an alles erst gewöhnen. So wird denn das neue Kleid monatelang im Schrank hängen, und sie wird die alten Kleider anziehen, weil sie diese gewöhnt ist. Sie hängt auch an den alten Hausschuhen so lange, bis die Zehen herausschauen; erst dann wird sie neue erstehen. Die Krebs-Frau fühlt sich oft unverstanden. Ihre Wünsche wird sie nie offen aussprechen – man muss sie erraten, erahnen, aus losen Wortfetzen mosaikartig zusammentragen, um sie erfüllen zu können. Aber sie ist verletzt, wenn man auf diese ihre heißen, verschlüsselten Wünsche nicht eingeht.

Die Ehe mit dieser Frau scheint so gesehen problematisch zu werden. Kaum hat sie jedoch vor dem Standesamt ja gesagt, entpuppt sie sich als das, was sie eigentlich gar nicht will: als perfekte Hausfrau. Sie versteht etwas vom Kochen und vom Führen eines Haushaltsbuches. Ihr Mann kann sich glücklich schätzen: Sie kennt seine Leibgerichte und bereitet sie besser als der Meisterkoch im Fernsehen.

Sie ist bei kleineren Gesellschaften in den eigenen vier Wänden (größere sind ihr zu laut) eine perfekte Gastgeberin. Und sie ist auch die beste Mutter, die man sich denken kann. Wenn der Mann ihres Herzens nur ein wenig auf ihre durch den Mond bedingten Stimmungsumschwünge (zweimal am Tag oder löffelweise) Rücksicht nimmt, könnte es eine glückliche Ehe geben, zumal sie sehr viel Mutterwitz mitbringt und manchmal sogar über sich selbst lachen kann.

Die Krebs-Frau gibt denen, die sie liebt, mehr, als sie nimmt. Sie muntert ihren Mann auf, wenn er einmal im Beruf versagte, und sorgt dafür, dass genügend für Krisenzeiten auf der hohen Kante liegt.

Krebs-Frauen, die nicht den richtigen Mann fürs Herz bekamen, brauchen nicht traurig zu sein: Sie finden statt in der Liebe auch im Berufsleben Erfüllung. Pflichtbewusst bis zum Äußersten, verschenken sie an den Beruf ein bisschen Herz und können so sehr darin aufgehen, dass für Privates nicht mehr viel Zeit übrig bleibt. Das macht sie zur idealen

Chefin; sie fordert viel von ihren Leuten, aber sie hat auch viel Verständnis für ihre Sorgen und Nöte.

Die Krebs-Frau arbeitet gern und möchte ihre Arbeit anerkannt sehen. Schon mancher Ehemann, der die Hausfrauen-Tätigkeit seiner Krebs-Frau in einem Fragebogen als Berufslosigkeit bezeichnete, war fürbass erstaunt, dass sie sich plötzlich einen Job nahm und ihm bewies, dass sie sehr wohl auch im Berufsleben etwas zu leisten vermag.

Wie erzieht man Krebs-Kinder?

Das Krebs-Kind braucht viel Liebe. Es hat ein zartes Seelchen, das manches bekümmert, was andere Kinder als gegeben hinnehmen. Die Tränen sitzen ihm locker, aber auch das Lachen. Sein bester Spielkamerad ist die Mutter, ersatzweise der Vater. Sonst spielt es oft allein und ist stillvergnügt dabei.

Man sollte diesem Kind die Angst nehmen, denn es fürchtet sich vor allerlei: vor dem dunklen Raum, in dem es schlafen muss und vor dem Dackel von nebenan. Und man sollte es öfter mal loben – nicht überschwänglich, weil es dahinter Falschheit wittern könnte, sondern nur so. In der Schule wird das Krebs-Kind gut lernen, wenn es nicht durch etwas anderes abgelenkt wird. Es versteht den elterlichen Spruch: Erst die Arbeit, dann das Vergnügen! Und später wird es seinen Eltern ewig dankbar sein für alles, was sie für es taten.

Es wird immer wieder nach Hause zurückfinden, auch wenn es längst eine eigene Familie gegründet hat. Und es wird die Eltern an dieses oder jenes schöne Erlebnis aus seiner Jugendzeit erinnern können, das diese längst vergaßen. Denn ein echter Krebs vergisst nie, wenn man ihm Gutes tat.

49

Die Partnerinnen des Krebs-Mannes

Karriere mit der Widder-Frau

Mit der Widder-Frau kommt in des Krebses Haus Unruhe. Das liebt er nicht. Und darum werden Ehen zwischen Krebs-Männern und Widder-Frauen nur selten geschlossen, weil die so gegensätzlich veranlagten Tierkreistypen oft schon in der Verlobungszeit erkennen, dass sie nicht zueinander passen. Ist es aber doch zur Hochzeit gekommen, so möchte der Krebs-Mann seine Filzpantoffeln anziehen und am heimischen Kachelofen Ruhe und Frieden finden. Das passt der stürmischen Widder-Frau kaum in den Kram: Wenn ihr Krebs zwei Schritte rückwärts macht, geht sie drei voran. Und so ist es stets ein Ziehen und Drängen, das der sensible Krebs nervlich kaum verkraften kann. Die beiden werden zwar nicht unbedingt ein in allen Teilen harmonisches Familienleben finden, aber sie wird ihm das Tor zur beruflichen Karriere weit aufstoßen.

Die häusliche Stier-Frau

Gleich beim ersten Kennenlernen finden sich Krebs-Mann und Stier-Frau sympathisch, aber es ist nicht unbedingt Liebe auf den ersten Blick. Erst wenn sie bemerken, dass sich ihr gemeinsamer Sinn für Häuslichkeit in eine dauerhafte Verbindung ummünzen ließe, gehen sie zum Standesamt. Der Gleichklang im Häuslichen hält in der Ehe an: Die Stier-Frau wird den Krebs aufmuntern, so er wieder einmal den Rückwärtsgang eingelegt hat, und sie wird dafür sorgen, dass die Kasse stimmt. Nur sollte er seine Überempfindlichkeit und sie ihren Eigensinn unterdrücken.

Lebenslustige Zwillinge-Frau

Wenn der Krebs-Mann sich in sein Haus zurückzieht, reagiert seine Zwillinge-Frau manchmal sauer: Sie hat zwar für ihre Familie und ein gepflegtes Heim sehr viel übrig, möchte aber auch hier und da einmal ganz groß ausgeführt werden. Vor der Ehe hat sie des Krebses Drängen nach Zweisamkeit noch als die große Liebe gewertet. Nun aber, unter die

Haube gekommen, sieht sie ihn als sturen Familiendespoten, der ihr, der Lebens- und Reiselustigen, nichts, aber auch gar nichts gönnt. Der Krebs-Mann, mit Geschenken nicht knauserig, sollte in dieser Beziehung ebenso seine Großzügigkeit beweisen. Die Zwillinge-Frau wird es ihm danken.

Passivität mit der Krebs-Frau
Krebs und Krebsin haben sich auf der gleichen Wellenlänge gesucht und gefunden: Häuslichkeit und friedvolles Familienleben ist für sie alles. Aber die große Gefahr besteht, dass sie allzu passiv hinterm Ofen hocken bleiben und darüber vergessen, dass zum Wohlstand etwas getan werden muss. Wenn erst einmal die großen Gefühle dem häuslichen Alltag geopfert werden, mag in dieser Krebsverbindung Langeweile aufkommen. Und das könnte ihr Ende bedeuten.

Kraftprobe mit der Löwe-Frau
Der Krebs-Mann ist ein durchaus friedliebender Typus, aber er möchte auch der Herr im eigenen Hause sein. Hier wird die erste Kraftprobe zu bestehen sein, wenn er eine Löwe-Frau zum Standesamt geführt hat. Die Löwin, weiß man, will selber herrschen und mag es so gar nicht, wenn ihr der Mann in die Töpfe guckt. Sie will auch in der Kindererziehung die erste Geige spielen. Es wäre vernünftig, wenn ihr der Krebs-Mann das Feld daheim überläßt und sich auf den materiellen Zuwachs im Arbeitsleben draußen beschränkt. Er sollte sie überdies öfter loben: Eine Löwin will gestreichelt sein, dann gelingt es um so leichter, sie zu zähmen. Und der Krebs sollte sie ab und zu einmal am gesellschaftlichen Leben teilhaben lassen, wo sie, ganz ihrer Natur gemäß, als große Dame glänzen kann.

Der Jungfrau-Verstand
Der Krebs-Mann macht's immer mit Gefühl, die Jungfrau-Dame setzt mehr auf den Verstand. Oft bleibt sie kühl, wenn er stürmt und drängt. Und dann fühlt er sich von der eigenen Frau unverstanden. Trotzdem

finden sich Krebs und Jungfrau immer wieder zusammen: Sie lieben ihre Familie, ihr Heim und die Geborgenheit. Beide haben auch einen Hang zur Sparsamkeit, und der wird ihnen mit der Zeit Wohlstand, wenn auch nicht übermäßigen Reichtum bescheren. Beide nörgeln aber auch gern an dem anderen herum. Der Krebs reagiert dann mit Launen, die Jungfrau mit schneidender Kälte. Zur Überwindung solcher Eheschwierigkeiten sollte sie, die sonst so Vernünftige, den Frieden stiften.

Krebsgang bei der Waage-Frau
Er lebt nach innen, sie nach außen, und so ist es schwierig für den Krebs-Mann und die Waage-Frau, die rechte Harmonie zu finden. Zwar streben beide auf der Erfolgsleiter nach oben, aber die Waage-Frau, selbst zu unentschlossen, vermag dem Krebs-Mann kaum den rechten Antrieb zu geben. In der Liebe haben sie sich viel zu geben. Der Krebs-Mann möchte ein Hausmütterchen heiraten, das ihm die eigene Mutter, an der er Zeit seines Lebens hängt, ersetzen kann. Die Waage-Frau versteht sich zwar vortrefflich auf die Hauswirtschaft, sie möchte sich dabei aber nicht die gepflegten Hände kaputtmachen. Schließlich will sie im gesellschaftlichen Leben große Dame spielen.

Die Skorpion-Frau treibt an
Schon vor der Hochzeit zaudert der Krebs-Mann, eine Skorpion-Frau zu heiraten. Hat er sie zum Standesamt geführt, sieht er seine Zweifel bestätigt: Die Skorpionin will ihn von nun an ganz für sich allein haben. Sie gibt ihm Halt, wenn er mal wieder auf dem Nullpunkt angekommen ist, sie treibt ihn nach oben, wenn er schon nicht mehr an ein berufliches Vorwärtskommen glaubt. Und wenn er seine Launen zeigt, nimmt sie dies gar nicht zur Kenntnis oder reagiert so gereizt, dass er lieber seine Laune von selbst vergisst. Denn mit der Zeit hat er gelernt, dass es nichts Schlimmeres gibt, als die Skorpionin zu reizen. Überdies weiß er, welch eine ideale Partnerin die Skorpion-Frau für ihn im Sexuellen ist, und sie wird sich für einen so gefühlvollen Partner wie den Krebs-Mann dankbar erweisen.

Schütze-Frau reagiert gereizt

Wenn die Schütze-Frau redet und redet, hört ihr der Krebs-Mann geduldig zu und schweigt. Das bringt sie in Rage, und schon scheint die Ehe in eine Krise zu geraten, bis sie erkennt, dass der Krebs-Mann der zärtlichste Partner sein kann. Und in der Liebe ist die Schütze-Frau immer ansprechbar. Ihre Unternehmungslust ist dem Krebs-Mann ein Dorn im Auge; sie verspürt bei ihm des Öfteren Langeweile. Nichts kann sie mehr reizen als die Launen des Krebses; dann reagiert sie ebenfalls gereizt, und manchmal sucht sie sich jemanden, an dessen Brust sie sich ausweinen kann. Er sollte öfter Gäste nach Hause bringen, damit sie als Gastgeberin glänzen kann. Sie wiederum müsste auch hier und da einmal schweigen können.

Die Steinbock-Frau heizt an

Bei der Steinbock-Frau herrscht Zucht und Ordnung, die sie auch auf den im Grunde immer ein Kind bleibenden Krebs-Mann übertragen möchte. Er sucht in jeder Frau die eigene Mutter, die er bei der Steinböckin nicht unbedingt findet. Trotzdem wird sie ihn, den oftmals Zaudernden, immer wieder zu neuen Taten anheizen: Sie lässt ihn Bewerbungen schreiben, die ihn auf der beruflichen Erfolgsleiter nach oben bringen können. Sie wird die Liebe als Pflicht empfinden, während er das Gefühl sucht, die tiefe Zuneigung. Beiden aber geht ein harmonisches Zusammenleben über alles, obwohl sie zu konträren Sternzeichen gehören. Krebs und Steinböckin zögern sehr lange, bis sie einen Ehevertrag unterschreiben, sollten sich dann aber sehr bald Kinder anschaffen; in der Liebe zu ihnen finden sie sich immer wieder!

Die Wassermann-Frau liebt die Freiheit

Im Grunde brauchen Wassermann-Frau und Krebs-Mann gar nicht zu heiraten; manche „wilde" Ehe stand schon unter diesen beiden Zeichen. Während der Krebs zögert, wo er nur kann, möchte die Wassermann-Frau ihre Freiheit behalten, die sie am heimischen Herd des Krebses zu verlieren droht. Beide hängen an ihrer Familie. Aber während er Kinder und Frau am liebsten daheim um sich hat, will sie aus diesem Kreis gerne hier und da ausbrechen. Und so kommt es zu heftigen Szenen in dieser Ehe. Doch schon nach dem Donner scheint wieder die Sonne: Krebs und Wassermann finden immer wieder in Liebe zueinander.

Ideal-Verbindung mit der Fische-Frau

Beide machen's mit Gefühl; der Krebs-Mann und die Fische-Frau scheinen wie geschaffen füreinander. Bei ihr kann der Krebs die Launen vergessen, die er sich gern leistet. Und die Fische-Dame vergisst die Tränen, die sie sonst so leicht vergießt. Beim Krebs wird sie optimistisch: Er hat die gleiche Einstellung zum Leben wie sie. Man versteht sich auch, ohne viel Worte zu machen. Zu Hause fühlen sie sich am wohlsten. Doch die Geborgenheit nützt nichts im Leben, wenn nicht auch ein bisschen Erfolg dabei ist. Viel gegenseitige Antriebskraft kann man leider den beiden sich so Liebenden wahrhaftig nicht bescheinigen. Hier liegt das Negative in dieser sonst so vortrefflichen Verbindung.

Löwe

(23. Juli bis 23. August)

Das Tierkreiszeichen Löwe durchläuft die Sonne vom 23. Juli bis 23. August. Sie leuchtet vom blauen Himmel mit voller Kraft. Auch die Menschen, die in diesen Sommertagen geboren wurden, sind von seltsamer Kraft. Ihr Auge blitzt, ihr Schritt dröhnt. Sie nehmen die Herausforderung Leben an: Ihr Selbstbewusstsein ist durch nichts zu schmälern. Sie haben viel Temperament, aber sie sind auch gutmütig und hilfsbereit. Die Mitmenschen sollten zu ihnen aufschauen, denn das königliche Zeichen färbt auf den Charakter des Löwe-Menschen ab, der sehr großzügig, aber auch sehr egoistisch sein kann. Die unter diesem Feuerzeichen Geborenen sind robuste Naturen, aber da sie viel arbeiten, sind sie anfällig für die so genannten Manager-Krankheiten, wie Herz- und Kreislaufschwäche oder Bandscheiben-Schäden. Wie alle Menschen, die rechte Kraftprotze sind, kann sie oft die kleinste Erkältung umwerfen (auch Hypochonder fand man schon unterm Löwen). Der Regent des Zeichens ist die Sonne, deren leuchtendes Orange den Löwe-Geborenen als Farbe besonders gefällt. Gold ist das Glücksmetall, und der Rubin ihr Talisman, aber auch Bernstein soll ihnen Glück bringen.

Seine Majestät, der Löwe-Mann

Der Löwe-Mann ist eine Persönlichkeit, der Bewunderung gezollt werden sollte. In seinem Auftreten liegt etwas Königliches, selbst wenn seine Figur schon etwas entgleist ist. Wie ihre Wappentiere brüllen Löwe-Männer für ihr Leben gern: Sie wollen sich bemerkbar machen um jeden Preis.

Charakterlich schwächere Löwen brüllen dabei meist lauter als ihre charakterstärkeren Brüder.

In Gesellschaften möchten sie möglichst im Mittelpunkt stehen. Wenn sie nur am Rande mitgehen, versuchen sie durch Diskutierfreudigkeit auf sich aufmerksam zu machen. Immer wieder werden sie das Wort an sich reißen. Das lässt sie arrogant und anmaßend erscheinen. In Wirklichkeit sind sie es nicht; sie können nur nicht im Schatten stehen. Der Löwe-Mann möchte alles aus sich heraus tun: Wenn er Hilfe gewährt, sollte er nicht darum gebeten worden sein. Er will freiwillig sozial sein. Seine Freunde sucht er in jenen Kreisen, die ihm beim beruflichen Aufstieg nützen können; aber wenn sie ihm nicht mehr nützlich sind, lässt er sie möglicherweise fallen – es sei denn, sie werden seine Vasallen. Man muss es dem Löwen lassen: Er hat Charme und weiß sich zu benehmen. Das erkennen auch liebebedürftige Damen, die diesen königlichen Liebhaber umschwirren wie die Motten das Licht. Sie sind klug beraten, wenn sie ihn anbeten und ihm nie und nimmer widersprechen. Widerspruch reizt den Löwen dazu, seine angeborene Ritterlichkeit zu vergessen und großes Geschütz aufzufahren gegen jene, die sich zu opponieren erdreisteten.

Einen Löwen fängt man am sichersten bei Kerzenlicht und zärtlicher Musik ein. Er ist für Stil und schließt von der Atmosphäre auf guten Charakter. So kommt es, dass Löwen manchmal von Jägerinnen gefangen werden, die ihm in der Ehe einen Käfig bauen, in dem er – gezähmt – Männchen macht.

Der Löwe-Mann wurde unter einem Feuerzeichen geboren, und von daher schwelt die Glut, die sich bei ihm stets zum Liebesbrand entfacht. Er ist ein galanter Liebhaber, der immer ein Objekt haben muss, dem er zugetan ist, das er mit seiner Liebe und manch teuren Geschenken überschütten kann. Frauen, die ihn lieben, sollten nur stets bedenken, dass er auch in der Ehe gewisse Freiheiten haben will.

Nicht, dass er die Auserwählte wie eine Sklavin hält. Im Gegenteil, er wird sie in die teuersten Restaurants führen und sich in ihrem Glanze sonnen, wenn sie feurige Blicke aus fremder Männer Augen treffen. Er wird ihr Gold und Geschmeide schenken, denn seine ständige Begleiterin will er zu seiner Königin erhöht sehen, sie sollte nur noch zu ihm und sonst zu niemandem aufschauen.

Seine Großzügigkeit führt den Löwen allerdings auch manchmal dazu, in der Stammkneipe eine Lokalrunde nach der anderen zu schmeißen und als Bezahlung das Geld zu nehmen, das eigentlich für den neuen Wintermantel der Frau gedacht war. Er will auch bei seinen Stammtischbrüdern als der Größte erscheinen. Am nächsten Tag schon wird er versuchen, durch harte Arbeit hereinzuholen, was der Leichtsinn verspielte. Und lassen Sie es sich gesagt sein: Er wird es schaffen! Sein Typ ist gefragt bei denen, die gute Manager und vor allem Praktiker brauchen. Er kann vieles reparieren, was andere für hoffnungslos kaputt hielten. Eigentlich wäre er der geborene Revolutionär, der sich gegen die Obrigkeit auflehnt, weil er die Massen hinter sich weiß. Aber wenn ihm die Obrigkeit den Posten gibt, der ihn über die Massen stellt, wird er bedingungslos das Lied der Mächtigen singen.

Er ist ein guter Ehemann, doch wenn er zu lange vom selben Tisch gegessen hat, fällt es ihm schwer, nicht auch mal das Menü zu wechseln. Nicht alle Löwen sind unbedingt treu. Sie grasen in fremden Jagdgebieten, um zu wildern. Nur kommt man ihnen selten auf die Schliche, weil sie alle Schleichwege kennen.

Frauen, die ihn erwischten, kehrten doch zu ihm zurück: Der Löwe-Mann wird dem Abenteuer abschwören, und sie wird ihm glauben – bis zum nächsten Mal. Außer diesen wenigen Ausflügen in die freie Wildbahn wird er auf ein glückliches Familienleben Wert legen und auf viel Harmonie, für die allerdings die nachgebende Gattin sorgen muss.

Im Beruf sind die Löwen-Männer pflichtbewusst. Sie streben nach Mitteln, mehr aber noch nach Titeln, die sie auch meistens erlangen. Löwen, die unten bleiben, sind selten: Sie spielen dann oft den Haustyrannen.

Obwohl die Löwen-Männer nicht unbedingt die intelligentesten in der Sternenskala sind, werden sie es im Durchschnitt weiterbringen als ihre Kollegen von anderen Tierkreiszeichen. Sie wissen ihrem Gehabe das Flair zu geben, nach dem die Großen dieser Welt lechzen. Und so werden sie gefördert und hoch gepriesen, bis sie auf dem ersehnten Chefstuhl landen. Auf ihm kann der Löwe-Mann endlich den Alleinunterhalter spielen: Seine Monologe vor versammelter Mannschaft sind berühmt. Zweifellos bringt ein Löwe-Chef Schwung in den Laden. Endlich kann er die anderen für sich arbeiten lassen – das Organisieren wird er besorgen. Er wird auch bedenkenlos Ideen, die seine Mitarbeiter haben, als die eigenen ausgeben; schließlich ist man ja ein Team und er der Chef, der alles verantwortet.

Man sollte ihm nicht widersprechen oder seinen Widerspruch vorher mit einer Lobrede auf den einzigartigen unter allen Chefs beginnen. Schmeichler haben es bei ihm oft leichter als jene, die keinen Speichel lecken können. Am Ende aber werden Letztere doch triumphieren: Ein Löwe behält immer die gute Portion Menschenverstand, auch wenn der manchmal von Weihrauchschwaden umwölkt ist.

Die Löwe-Frau steht immer oben

Die Löwe-Frau ist eine Dame vom Scheitel bis zur kleinen Zehe. Wenn sie geht, schreitet sie, das Rückgrat durchgedrückt, die Brust heraus. Sie spricht mit niemandem – sie gibt eine Audienz, hört sich huldvoll an, was der andere sagt, dann bildet sie sich ihre Meinung, und bei der bleibt sie, mag der Gesprächspartner noch so gute Argumente dagegen haben.

Mancher schätzt diese Art der Diskussion nicht, bei der Löwe-Dame muss er sich daran gewöhnen. Sie meint es aber nie so hart, wie sie es manchmal akzentuiert, aber sie kann nun mal nicht anders. Ihre herablassende Freundlichkeit brachte schon manchen auf die Palme. Und er blieb oben – was tut man, wenn unten eine ausgewachsene Löwin steht? Ganz richtig ist das eben gezeichnete Bild nicht; bei ihr ist immer oben. Und eigentlich kann man ihr gar nichts krumm nehmen. Sie strahlt so viel Wärme aus, ist so humorvoll und charmant, dass sie jeder liebhaben muss.

Bei der Löwin muss man andere Maßstäbe anlegen als bei anderen Sternentöchtern. Sie hat Sex-Appeal, ist aber nie eine Sexbombe. Sie ist im landläufigen Sinne schön, aber ihre Schönheit ist kaum die eines Pin-up-Girls: sie kommt von innen und strahlt nach außen.

Zweifellos ist sie klug, aber manchmal tappt sie daneben, wenn sie über Dinge diskutiert, von denen sie nichts versteht. Behandeln Sie die Löwe-Frau dann immer noch als Dame und wechseln Sie das Thema. Sie wird es Ihnen danken. Nur stellen Sie diese Dame um Himmels willen nicht bloß – sie würde es Ihnen irgendwann einmal mit gleicher Münze heimzahlen, wenn Sie selber gar nicht mehr daran denken.

Männer, die solch königliches Geschöpf eroberten, können sich glücklich schätzen. Sie haben ein Juwel gewonnen, das man in Gold und Edelsteine fassen muss, denn Löwe-Damen kommen teuer. Sie lieben Schmuck, schicke Kleider und Luxusrestaurants, in denen sie repräsentieren können.

Doch machen sich solche Anlagen auch bezahlt – der Gegenwert, den eine Löwin bietet, übertrifft die kühnsten Erwartungen. Sie wird dem Haus vorstehen, eine gute Hausfrau sein, die beste Mutter der Kinder. Sie wird den Ehemann zu Taten anstacheln, die er allein nie gewagt hätte. Ihre Ratschläge führen nach oben.

Wie aber, wenn die Löwe-Frau ausgerechnet auf jemanden „hereinfällt", der ihr keinen Luxus bieten kann? Dann sollte der Mann vernünftig sein und auf die gute Hausfrau zeitweilig verzichten: Mit Wonne wird die Löwe-Frau die nötigen Brötchen dazuverdienen, die der Mann nicht beibringen konnte. Auch so kann man auf einen grünen Zweig kommen. Und überdies hat die Löwin das Gefühl, ein bisschen Freiheit ins Eheleben gerettet zu haben.

Die Löwe-Frau möchte in der Ehe etwas zu sagen haben, aber sie wird niemals ihren Mann zum Pantoffelhelden degradieren. Es würde ihr Selbstwertgefühl stören, wenn ihr Gatte kein richtiger Mann wäre. Er soll die letzte Entscheidung als Familienoberhaupt treffen. Sie will nur gleichberechtigt ihre Meinung sagen.

Die Löwe-Frau sieht auf Anstand und Sitte. Sie kann ausgelassen und fröhlich sein, wenn nur die Form gewahrt bleibt. Nicht auszudenken, wenn ihr Mann einmal unrasiert an den Frühstückstisch käme! Sie wird ihn ja auch nicht mit Lockenwicklern erschrecken.

Ihre Kinder dürfen vieles, was Kinder bei anderen Müttern nicht dürfen; sie lässt ihnen viel Freiheit, weil sie selbst die Freiheit über alles liebt. Sie wird, wegen anderweitiger Beschäftigung, meist wenig Zeit zum Abhören der Schularbeiten haben. Den Einser in Rechnen wird die Löwe-Mutter gut honorieren, den Fünfer in Englisch aber mit der lakonischen Bemerkung abtun: „Da siehst du, wie weit man kommt, wenn man nicht fleißig genug ist!" Nach außen hin sind ihre Kinder trotz schlechter Noten freilich immer die besten, die klügsten – die Fünf kann am Lehrer liegen, der das Kind nicht mag. Sie gibt den Kleinen meist ein überdurchschnittliches Taschengeld und verwöhnt sie, wo sie nur kann. Sie wäre die beste Mutter unter dem Sternenzelt, wenn ihr die Kinder die Güte und Großzügigkeit nicht manchmal anders danken würden, als sie erhoffte; verzogene Kinder kommen als Erwachsene oft nicht im Leben zurecht.

Die Berufswahl ist für die Löwe-Frau ein schwieriges Kapitel. Sie möchte eigentlich nicht unten anfangen. Und so wird sie manches versuchen, um nach oben zu kommen, zur Not den Beruf wechseln, wenn es in dem bisherigen nicht klappte. Chefs, die eine Löwin zur Sekretärin haben, können sich glücklich schätzen: Von nun an wird sie den Laden auch ohne ihn schmeißen. Er sollte ihr hier und da einmal ein persönliches Geschenk machen, damit sie auch wirklich bleibt.

Immer wird die Löwe-Frau aus ihrer bisherigen Position das beste machen und sich wegen ihrer Tüchtigkeit manche Freiheiten herausnehmen können, die man bei anderen nicht duldet. Sie wird stets die Aufmerksamkeit auf sich lenken. Und wenn niemand von ihr spricht, wird sie sich in einen Krankheitszustand retten, um zu zeigen, wie viel man vermissen muss, wenn sie nicht im Geschäft oder im Büro ist. Selbstständige, die eine Löwe-Dame zur Frau haben, sollten ihr ruhig Verantwortung geben; denn als die Chefin ist die Löwe-Frau am rechten Platze. Sie ist ihren Untergebenen gegenüber gerecht, aber streng. Nichts lässt sie durchgehen, was die Firma schädigen könnte.

Eine Löwin müsste reich zur Welt kommen, die Armut macht sie krank. Nur gut, dass Löwe-Frauen in der Lage sind, mithilfe ihres Einfallsreichtums und ihrer Durchsetzungskraft sich und ihrer Familie ein Plätzchen an der Sonne zu erarbeiten.

Wie erzieht man Löwe-Kinder?

Schon kurz nach der Geburt war das Löwe-Kind Mittelpunkt der Familie. Es wurde verhätschelt und verwöhnt. Und wenn man es vernachlässigte, begann es zu brüllen, dass die Wände einzustürzen drohten. Man sollte nichts zu unterdrücken suchen, was an Talent in diesem Kind steckt. Und schon gar nicht sollte man junge Löwen zu etwas zwingen wollen, das ihnen nicht behagt. Das könnte tiefe Wunden hinterlassen. Mit anderen Kindern sind die kleinen Löwe-Geborenen weniger zimperlich: Die Geschwister daheim sollen auf ihr Kommando hören, und auch bei den Spielkameraden wollen sie tonangebend sein. Man sollte hier versuchen zu mildern, was da an allzu großem Machthunger leidet: Löwe-Kinder sind sehr einsichtig, wenn man sie als vollwertigen Gesprächspartner behandelt.

In der Schule wollen sie glänzen. Sie erreichen das Klassenziel fast immer, weil sie einsehen, dass nur über einen guten Schulabschluss das ermöglicht wird, wonach sie streben.

Löwe-Kinder brauchen viel Liebe. Die Eltern dieser Kinder sind nicht zu beneiden: Sie stehen vor einem Erziehungsproblem, das nie ganz zu lösen sein wird.

Die Partnerinnen des Löwe-Mannes

Widder-Frau zwischen Krieg und Frieden

Wenn es der Widder-Frau gelingt, ihren Löwe-Mann stets zu bewundern, ihm das Gefühl zu geben, er sei für sie der Größte, dann hat sie schon die halbe Eheschlacht gewonnen: Der Löwe wird sich kraulen lassen und wohlig dabei schnurren. Ganz leicht wird es für die Widderin nicht; auch sie möchte gerne herrschen, und wenn er das merkt, beginnt der Krieg, und dann kann der Löwe, sonst gegenüber Damen ein echter Gentleman, recht ungalant sein. Löwe und Widderin sollten sich deshalb nicht allzu früh füreinander entscheiden; sie müssten ihre Erfahrungen in die Ehe mitbringen, um diplomatisch reagieren zu können. Im Sexuellen sind beide ganz groß; da ist nur Gemeinsamkeit, und das sollten die beiden aufs ganze Leben übertragen. Der Widderin gelingt's am ehesten: Sie möchte gerne einen Mann neben sich, der stärker ist als sie, die einem männlichen Sternbild entstammt.

Auch die Stier-Frau läuft ihm hinterher

Kein anderer versteht es besser als ein Löwe-Mann, eine Frau von seinen Vorzügen so zu überzeugen, dass sie ihm willig aufs Standesamt hinterherläuft. Auch die Stier-Frau unterliegt seinem männlichen Charme. Das könnte ein ganzes Leben lang anhalten, wenn nicht manche Unstimmigkeiten wären: Der Löwe möchte seine Meinung jedem anderen aufzwingen, wenn er sie einmal als richtig erkannt hat; die Stier-Frau glaubt sowieso, dass eine einmal von ihr gefasste Meinung die richtige ist. Und schon kann die Sicherung durchbrennen und das Haus verdunkeln. Solange aber das Feuer der Liebe noch lodert, werden die beiden immer wieder zueinander finden. Im Grunde schätzt der Löwe bei der Stier-Frau den guten Sinn fürs Materielle, ihre Anhänglichkeit und ihre Treue. Sie sollte weise darüber hinwegsehen, dass er das Sagen haben will.

Die Zwillinge-Frau will's mit Gefühl

In der privatesten Sphäre zucken manchmal die Blitze: Wenn der Löwe-Mann sich als rechter Draufgänger beweisen will, möchte es seine Zwillinge-Frau mehr mit Gefühl. Im launischen Spiel erst finden die beiden zusammen. Und dann kann es eine dauerhafte Harmonie bleiben. Die Zwillinge-Dame gleicht vieles mit dem Verstand aus, was der Löwe mit männlicher Kraft erreichen will: Sie lässt ihn herrschen und denkt sich ihr Teil. Haben Löwe und Zwillinge-Frau zu echter Kameradschaft gefunden, können sie Berge versetzen, und er wird an ihrer Seite auch im Berufsleben Stufe für Stufe emporsteigen.

Die Krebs-Frau und ihr Patriarch

Die Krebs-Frau will nicht unbedingt in ihrer Ehe regieren. Dies mag der Löwe-Mann, der sich für die geborene Führernatur hält. Die Krebs-Frau ist eine gute Mutter, und schon um des lieben Friedens willen erzieht sie ihre Kinder so, dass sie zum Vater emporschauen können. In dieser Verbindung kann sich der Löwe also wie ein Patriarch aus dem Mittelalter fühlen. Die Krebsin nimmt ihm auch die vielen Extratouren nicht krumm, die er außerhalb des häuslichen Kreises unternimmt – schließlich kehrt er immer wieder zu ihr und zu den Kindern zurück, herrscht, tut aber im Allgemeinen doch nur das, was die Krebsin will. In diesem Zusammenhang fragt sich, wer der eigentliche Herr im Hause ist.

Demokratie unter Löwen

Unter Löwen sollte man sich gegenseitig bewundern, das gibt Ansporn zu großen Taten. Man sollte die Kameradschaft pflegen und die Demokratie. Schwierig wird es nur, wenn Löwe-Mann und Löwe-Frau jeder für sich allein auf den eigenen egoistischen Zielen beharren. Sie sollten sich an ihre hohen Ideale erinnern und sie gemeinsam verfechten. Oft kommen in einer Löwe-Ehe die Kinder zu kurz, obwohl sich Löwe-Frau wie Löwe-Mann bemühen, gute Eltern zu sein; das kommt daher, weil sie zu sehr mit sich selbst beschäftigt sind.

Die Jungfrau-Geborene ärgert sich

Eine Jungfrau-Geborene bekommt gegenüber einem echten Löwe-Mann manchmal Minderwertigkeitskomplexe, und das ärgert sie. Und sie mag auch nicht, dass ihr Löwe allzu großzügig anderen gegenüber sein kann, nur um sich in ein besseres Licht zu stellen. Sie lässt ihn übrigens gern zu Hause herrschen, wenn er nur die nötigen „Kröten" beibringt, die der Familie finanzielle Sicherheit gewähren. Der Löwe wird bald einsehen, daß sie recht daran tut, wenn sie seinen Drang zum Geldausgeben hemmt. Doch sollte der stürmische Löwe-Liebhaber bedenken, dass der Jungfrau Sex etwas unterkühlt ist; man sollte ihn langsam erwärmen.

Holde Waage-Frau

Ein Löwe-Mann schmückt sich gern mit einer hübschen Frau, wenn ihm daraus noch mehr Bewunderung erblüht. Die Waage-Frau kann alle Attribute holder Weiblichkeit bieten. Das wird er zu Hause genauso merken wie in der Gesellschaft. Aber die Waage-Dame reagiert sensibel, wenn er den Kraftprotz spielen will. Überdies möchte sie ihn ganz für sich allein besitzen, und das passt dem Löwen nicht: Er will unters Volk und sich von ihm huldigen lassen. Nicht unbedingt kommen Waage-Frau und Löwe-Mann auf einen grünen Zweig; denn er ist großzügig, und auch sie neigt manchmal zur Verschwendungssucht.

Die Skorpion-Frau herrscht daheim

Über die Liebe auf den ersten Blick fanden sie sich zu einer schnellen Hochzeit. Und eigentlich müssten jetzt Löwe-Mann und Skorpion-Frau ein ganzes Eheleben lang glücklich und zufrieden sein. Doch nach den Flitterwochen beginnt es schon zu rumoren: Die Skorpion-Frau lässt sich daheim nichts dreinreden – das macht der feurige Mars in ihrem Gestirn. Zwar funkt die Sonne im Löwen gewaltig dazwischen, aber meist triumphiert der rote Planet. Der Löwe ist in dieser Ehe nun keineswegs ein Pantoffelheld, aber wird sich zu Hause sagen lassen müssen, was er zu tun und zu lassen habe. Im Beruf redet ihm die schlaue Skorpion-Frau frei-

64

lich nicht drein. Hier bezieht er von ihr Lob, das ihm so schmeichelt. Er könnte fast vergessen, dass sie sein Führertum nicht anerkennt.

Seelengemeinschaft mit der Schützin

Löwe und Schützin waren gleich voneinander begeistert. Er brauchte sie gar nicht zu verführen – willig lieferte sie sich ihm aus. Und bald schon sprach man von Hochzeit. Die Flitterwochen danach dauerten länger an als bei anderen Sternenverbindungen. Hier ist eine Seelengemeinschaft, die in fast allen Punkten des täglichen Lebens Übereinstimmung erzielt. Die Schützin beflügelt den Löwen sehr oft zu Großtaten, die ihm Erfolg und Anerkennung und außerdem finanziellen Zugewinn bringen. Sie ist allerdings mit dem großzügigen Löwen auch bereit, das sauer verdiente Geld in kürzester Frist wieder zu verjubeln – auf Reisen, auf Gesellschaften, in Modeboutiquen.

Bei der Steinbock-Frau unter Kuratel

Die Steinbock-Frau lässt den Löwen in der Ehe regieren, verwaltet die Finanzen und stellt seine Großzügigkeit unter Kuratel. So müsste eigentlich das Glück in der Ehe begründet sein, zumal das Bankkonto wächst und wächst. Aber ausgerechnet in den zwischenmenschlichen Beziehungen kann es zum Eklat kommen: Der Löwe ist ein feuriger Liebhaber, der mit Vehemenz auf das Objekt seiner Liebe zugeht, die Steinbock-Frau dagegen – vorsichtig gesagt – zurückhaltender. Hier kann der Konfliktstoff gegeben sein, der die sonst so fest gegründet erscheinende Ehe ins Wanken bringt.

Die Wassermann-Frau braucht keinen Führer

Um es gleich vorwegzunehmen: Sexuelle Schwierigkeiten kennen weder Löwe-Mann noch Wassermann-Frau. Die Nachteile dieser Verbindung liegen auf einem anderen Sektor; die Wassermann-Frau will ein Quäntchen Freiheit auch mit in die Ehe nehmen, sie möchte kameradschaftlich mit ihrem Partner zusammenleben. Der Löwe will herrschen. Die Wassermann-Frau hält jedoch nichts von bewundernden Augenaufschlägen – sie nimmt die Menschen, wie sie sind. Vielleicht wäre es klüger, wenn sie dem Löwen die Führerschaft in ihrer Ehe anvertrauen würde. Das aber kann eine Wassermann-Frau, wenn sie ehrlich ist, nie und nimmer.

Die schüchterne Fische-Frau

Mit der Fische-Frau hat der Löwe-Mann eine Partnerin an der Angel, die sich von seiner mit Grandezza vorgeführten Männlichkeit nur zu schnell einschüchtern lässt. Dementsprechend kann die Ehe werden, er als Grandseigneur und sie als schüchternes Gänslein. Die Fische-Frau ist zwar etwas labil, aber wenn sie den rechten Zuspruch hat, dann blüht sie auf. Wie aber sollte ein Löwe, der ja ichbezogen denkt, solche Aufmunterung parat haben? So versucht sie es mit Schmeicheln und auch mit Tränen; erst dann wird der Löwe weich und lässt ihr den Willen.

Jungfrau

(24. August bis 23. September)

Der Sommer geht zu Ende, wenn die Sonne das Tierkreiszeichen Jungfrau durchläuft. Die letzten Früchte reifen auf den Feldern. Ist es verwunderlich, dass Menschen, die in dieser Zeit geboren wurden, sehr erdverbundene Naturen sind? Von klein an wollen sie alles ganz genau wissen; Jungfrau-Menschen sind neugierig, um sich weiterbilden zu können. Sie sind pflichtbewusst und hilfsbereit, oft aber übergenau; ein Stäubchen auf dem Fußboden schon kann sie stören. Ihre Kritiklust macht sie manchmal unbeliebt, zumal sie selbst keine Kritik zu vertragen scheinen. Ihr wacher Verstand könnte sie zur Spitze führen, aber viele Jungfrau-Menschen bleiben unten hängen, weil sie glauben, nur an dem Platz, an den sie gerade gestellt sind, das Beste leisten zu können. Der Verdauungstrakt ist bei den Jungfrau-Menschen besonders gefährdet (das macht der viele Ärger, den man mit seinen Mitmenschen hat). Ihr Sternbild beherrscht Merkur (von daher kommt ihr Finanzgenie). Die Farbe des Zeichens ist Hellbraun, Bronze ihr Glücksmetall. Und ihre Glückssteine sind der Jaspis, der Topas und auch der Smaragd.

Der Jungfrau-Mann
mit dem Ordnungssinn

Manche halten den Jungfrau-Mann für gefühlskalt. Sie haben Unrecht; sein Gefühl wurde nur gebändigt von einem scharfen Verstand, der ihm sagte, dass man mit Gefühlen keine Häuser bauen kann. Mit dieser Einstellung ist er nicht bei allen Mitmenschen gleichermaßen beliebt.

Vom Intellekt her sind die unter dem Zeichen Jungfrau Geborenen zweifellos die begabtesten. Ihr Ordnungssinn ist sprichwörtlich. Kein Jungfrau-Mann würde sich setzen, ohne seine Bügelfalten zurechtgestreift zu haben, oder unrasiert am Frühstückstisch erscheinen. Die Pingeligkeit macht seiner Begabung zu schaffen: Nur wer großzügig denkt und plant, wird es weit bringen. Und so bleibt der Jungfrau-Mann oft Untergebener, obwohl er vielleicht klüger ist als alle jene, die ihm vorgesetzt sind.

Er ist zuverlässig, ein treuer Freund, wenn er einmal Zuneigung zu jemandem gefasst hat. Er macht nicht viel Worte, doch wenn man seine Hilfe braucht, ist er da. Viele Jungfrau-Männer bleiben Junggesellen: sie suchten das Idealbild und fanden es nie.

Sie sind wählerisch, leider aber auch leicht unterkühlt. Sie sind keine stürmischen Liebhaber, denen die Worte „Ich liebe dich" nur so über die Lippen sprudeln. Sie sezieren den Charakter der Auserwählten und finden dann meist, was sie vor einer Ehe zurückhalten kann.

Ein Jungfrau-Mann lässt sich nicht verführen, aber er ist auch kein großer Verführer. Wenn er Zuneigung gefasst hat, wird er geduldig warten können, bis ihn die Herzensfreundin erhört. Von Sex ist bei diesem Verhältnis wenig die Rede, eher davon, wie man den zukünftig gemeinsamen Hausstand aufbauen könne. Der Jungfrau-Mann ist kein Mitgiftjäger, aber wenn seine Frau etwas in die Ehe mitbringt, ist es ihm nur recht.

Seine Beziehung zum Geld ist durchaus realistisch. Viele sagen ihm nach, er sei geizig. Aber das ist er auf keinen Fall; er ist nur sparsam, möchte sich und die Seinen gesichert sehen. Wenn einer seiner besten Freunde in Not ist, wird er ihm selbstlos helfen, selbst wenn dabei die Ersparnisse draufgehen. Er wird jedoch nur dann solch großzügige Hilfestellung leisten, wenn das Objekt seiner Großzügigkeit diese auch verdient. An verlotterte Playboys wird er keinen Pfennig verschenken. Der Jungfrau-Mann ist ein guter Ehemann, obwohl er seine Frau zur Weißglut reizen kann, wenn er wieder einmal mit dem Zeigefinger in irgendeiner Ecke der Wohnung nach Staub sucht. Die Gattin müsste eine perfekte

Hausfrau sein, die auch das Führen eines Haushaltsbuches versteht. Von gemeinsamen Konten hält der Jungfrau-Geborene wenig: Was das Geld angeht, ist er misstrauisch gegen jedermann. Trotzdem wird sich die Gattin über das Monatsgeld nicht zu beklagen haben; es ist seinem Gehalt prozentual angepasst – mehr wäre beim besten Willen nicht drin, zumal ja auch noch monatlich etwas zurückgelegt werden muss für Notzeiten.

Scheidungen gibt es unter dem Jungfrau-Mann wenig. Ihm sind einfach die Anwälte zu teuer. Und überdies ist er Manns genug, seine Frau zur Räson zu bringen, wenn sie ihn enttäuschen sollte. Der Jungfrau-Mann selbst leistet sich schon aus Gründen der Sparsamkeit keinen Seitensprung. Wenn aber Schluss gemacht werden muss, dann zögert er keinen Augenblick – wetten, dass seine Frau der schuldige Teil ist?

Soweit lässt es der echte Jungfrau-Mann aber kaum kommen, vor allem dann nicht, wenn Kinder da sind. Er steckt eher zurück, als diesen zu zeigen, dass es um die Ehe mit ihrer Mutter schlecht bestellt sei. Die Kinder haben es gut bei ihm; er hilft ihnen bei den Schularbeiten und gibt ihnen auch ein leidliches Taschengeld, das sie freilich nicht für Schnickschnack ausgeben dürfen.

Der Jungfrau-Mann wäre vielleicht einer der Besten im Tierkreis, wäre nicht seine Lust am Kritisieren. Nichts entgeht seinen wachen Augen, überall findet er irgend etwas Negatives. Seine Frau sollte dieses ständige Kritisieren mit einem Lächeln zur Kenntnis nehmen und zur Tagesordnung übergehen. Nur so kann sie die Lust des Jungfrau-Geborenen ein wenig abbremsen. Sie sollte auf keinen Fall ihn nun ihrerseits kritisieren; ein Jungfrau-Mann sieht sich nicht gern bloßgestellt.

Bewundernswert ist das phänomenale Gedächtnis aller Jungfrau-Geborenen: keinen Geburtstag werden sie vergessen und schon gar nicht die wichtigsten Telefonnummern. Aber dieses Erinnerungsvermögen ist gleichzeitig auch eine Schwäche: er gilt als nachtragend.

Chefs können sich glücklich schätzen, einen Jungfrau-Mann unter ihren Angestellten zu haben. Er ist der ruhende Pol; seine Pingeligkeit wird die Firma vor manchem Schaden bewahren helfen, seine

Gründlichkeit dafür sorgen, dass selbst versteckte Fehler endlich gefunden werden. Man sollt ihm schon bald eine Gehaltserhöhung geben und ihn langsam, aber stetig befördern. Ginge es zu schnell vorwärts, würde der Jungfrau-Mann wahrscheinlich irgendetwas Negatives dahinter wittern.

Chef will er meistens gar nicht werden; er hat Zweifel, ob er auf dem Chefstuhl mehr leisten könnte denn als Angestellter. Hat er aber den Sessel des Managers eingenommen, wird er auch hier sein Letztes geben. Wahrscheinlich wird sich der Jungfrau-Chef einige Leute heranbilden, die ihm die Entscheidungen tragen helfen. Nicht, dass er sich vor der Verantwortung scheut – ein echter Jungfrau-Mann handelt immer verantwortungsbewusst. Er will einfach sicher sein, dass seine Entschlüsse krisenfest sind.

Wer gut bei ihm arbeitet, wird das bald am steigenden Gehalt merken: denn geizig ist der Jungfrau-Geborene nicht. Er will nur für sein gutes Geld den realen Gegenwert erhalten. Und das ist doch verständlich.

Die Jungfrau-Geborene und ihre Moral

Die Jungfrau-Geborene kann ein Leben lang jungfräulich bleiben: Sex ist für sie nicht das Wichtigste. Viel wichtiger ist ihr ein kleiner, aber treuer Freundeskreis, der sich gegenseitig hilft, wenn Not am Mann (oder der Frau) ist. Sie kann auch stolz die ledige Mutter sein, die ihren Geliebten verließ, weil er zum Vater ihres Kindes nicht getaugt hätte. Oder sie verlässt ihren angetrauten Ehemann und die Kinder, um einem anderen in die Wüste zu folgen.

Drei verschiedene Jungfrau-Charaktere? Es gibt deren noch mehr; denn so ganz zu enträtseln ist dieses von der Natur her mit besonderen Gaben ausgestattete Mädchen nie. Scheu zieht es sich zurück, wenn jemand versucht, sein Innenleben zu erforschen. Es ist abweisend gegen die Zudringlichen, die immer alles ganz genau wissen wollen.

Die Jungfrau-Geborene hat eine sehr moralische Lebensauffassung, sodass manche sie als prüde verschreien. Beinahe stur geht sie auf ihrem Weg weiter, den sie für richtig hält. Man mag nun darüber geteilter Meinung sein, ob die Jungfrau, die ihren Mann verließ, um einem anderen in die Wüste zu folgen, noch „moralisch" zu nennen sei. Aber es ist ja auch keine bürgerliche Moral, die eine Jungfrau-Dame zu ihrem Leitbild erhebt. Ihre Moral heißt: Verlogenes ist Verlorenes!

Es dauert lange, bis sich die Jungfrau-Geborene für diesen oder jenen entscheidet. Sie muss immer wieder neu die Qualitäten ihres Favoriten kennen lernen, bevor sie mit ihm aufs Standesamt geht. Manchem schon zeigte sie kurz vorher die kalte Schulter, der sich ihrer sicher glaubte. Jungfrau-Geborene sind nicht gefühlsbetont, sie können jedoch sehr herzlich sein. Der Mann, der sie heiratet, wird nicht über die Nichterfüllung ehelicher Pflichten zu klagen haben, aber er wird sich manchmal vorkommen wie jemand, der etwas nahm, was ihm eigentlich gar nicht gehört. Ein Eisberg, meint er dann, könne schneller dahinschmelzen als seine Jungfrau: Sex sagten wir, ist nicht das Wichtigste im Leben einer Jungfrau.

Wichtiger ist ihr, dass die Familie gut versorgt ist, dass man nicht leichtsinnig vergeudet, was gut angelegt werden könnte. Sie ist ordentlich und kleidet sich sauber, aber die letzte Mode macht sie aus finanziellen Gründen nicht mit. Sie trägt lieber dunkle Farben als grelle; sie möchte, ihrem Naturell gemäß, in der Menge so wenig wie nur möglich auffallen. Im eigenen Heim wird bei der Jungfrau alles glänzen und blinken. Machen Sie sich nichts daraus, wenn sie selbst das blankeste Silber noch einmal nachpoliert – es wird ein winziges Stäubchen darauf gewesen sein. Sie ist bestimmt eine gute Köchin, aber sie wird Ihnen weniger einen fetten Schweinebraten vorsetzen, eher schon ein zartes Filet, und einen mit Joghurt angemachten grünen Salat: Sie weiß genau, was gesund ist – Völlerei ist ihr verhasst.

Blitzblank sind auch ihre Kinder herausgeputzt. Sie werden vor lauter Respekt die Schuhe schon vor der Haustür ausziehen, um die Jungfrau-Mutter nicht zu erzürnen. Manche mögen das als allzu große Pingeligkeit und Strenge ansehen, Kinder von Jungfrau-Müttern aber wissen, wie gütig und hilfsbereit diese sein können.

Auch der Mann hat nichts zu klagen. Wenn er abends von der Arbeit nach Hause kommt, wird er die vorgewärmten Pantoffeln (Hausschuhe schonen ja die Teppiche) und einen mit Blumen geschmückten gedeckten Tisch vorfinden. Die Jungfrau liebt das Stilvolle; mit Romantik hat das alles nichts zu tun, eher schon mit Ästhetik.

Obwohl die Jungfrau-Geborene manchmal unnahbar erscheint, sehnt sie sich nach Wärme und Zärtlichkeit. Da sie aber ausgesprochene Hemmungen auf dem sexuellen Sektor hat, macht sie sich manches selbst kaputt. Man sollte sie nehmen, wie sie ist, als treu sorgende Gattin und Mutter, die sich mit einem Mann liierte, weil sie nicht mehr allein sein wollte (von Liebe spricht sie in solchen Fällen nicht gern, das würde ja einen Teil ihres Seelenlebens bloßlegen!). Die Jungfrau kann natürlich sehr wohl ihr Leben auch auf eigene Füße stellen. Sie wird bei ihren Chefs als zuverlässige Angestellte geschätzt, die Betriebsgeheimnisse für sich behalten kann. Sie ist der Firma treu, solange sie sich gut bezahlt sieht, wobei ihr das Tarifgehalt reicht, wenn sie damit die Ausgaben eines im Konkurrenzkampf stehenden Unternehmens verringern helfen kann.

Manche Kolleginnen mögen sie als „Radfahrer-Natur" beschimpfen, aber das ist sie sicherlich nicht: In ihr Ordnungsprinzip gehört der Prinzipal, dem man zu folgen hat, wenn er anordnet. Und wenn die Jungfrau-Angestellte mal jemanden beim Chef anschwärzt, so tut sie es wahrhaftig nicht, um sich selbst damit ins bessere Licht zu rücken – sie konnte wahrscheinlich nicht anders, weil der Bloßgestellte wirklich nichts für die Firma taugte.

Chefinnen aus dem Jungfrau-Zeichen sind wenig bekannt. Bei ihnen gilt dasselbe verstärkt, was über die männlichen Jungfrau-Chefs bereits gesagt wurde. Sie wird die Finanzen ihrer Firma in Ordnung halten, aber den Groschen zehnmal umdrehen, bevor sie sich in Spekulationen einlässt. Denn eine Jungfrau-Dame strebt nach Sicherheit. Alles, was sie plant, ist darauf abgestimmt.

Wie erzieht man Jungfrau-Kinder?

Das Erste, was am Jungfrau-Kind auffällt, ist sein fester Wille. Wenn es sich einmal etwas in den Kopf gesetzt hat, ist es so leicht nicht davon abzubringen.

Die zweite erstaunliche Feststellung: Dieses Kind setzt seinen Willen nur dann ein, wenn es verstandesmäßige Gründe für den Einsatz hat. Wenn es mit den Eltern zum Beispiel nicht spazieren gehen will, dann wird es wohl daran liegen, dass es seine Schularbeiten machen muss. Oder die Suppe ist versalzen, und darum will es sie nicht essen.

Die dritte überraschende Feststellung: Trotz seines starken Willens ist es ein liebes, anhängliches Kind, das seinen Eltern kaum Scherereien macht. Es ist gehorsam, aber es wird den kleinsten Fehler seiner Eltern sofort korrigieren. Man sollte es nicht gleich tadeln, zumal es mit seiner Kritik meist Recht hat.

Jungfrau-Kinder sind nicht allzu sehr von ihrem eigenen Können überzeugt. Man sollte sie daher des Öfteren loben, damit sie wissen, auf welchem Gebiet sie etwas leisten können. Lob macht sie nicht übermütig, sondern stärkt ihnen das Rückgrat.

In der Schule wird dieses pflichtbewusste Wesen kaum größere Schwierigkeiten haben. Intelligent genug ist es. Klassenkameraden freilich werden es tadeln, weil es manchmal dem Lehrer zu sehr schmeichelt. Damit will es nicht mehr als die anderen erreichen: Es erkennt nur den Lehrer als Obrigkeit an, ein charakteristischer Wesenszug der Jungfrau-Geborenen.

Die Partnerinnen des Jungfrau-Mannes

Die Widder-Frau macht Mut

Wenn Verstand und Energie sich paaren, kommt im Allgemeinen etwas Nützliches dabei heraus. Den Jungfrau-Mann zog vor allem das Dynamische im Wesen seiner Widder-Frau an. Sie ist eine der wenigen, die dem oft Zaudernden, auf Sicherheit Bedachten Mut zu neuen Taten gibt. Sie schätzt seine Klugheit, aber wenn er zu kritisieren beginnt, hält sie sich die Ohren zu. Der Jungfrau-Mann ordnet sich gern den Wünschen seiner Frau unter, wenn sie nur im Rahmen seiner finanziellen Möglichkeiten bleiben. Nur in der Liebe hapert es manchmal. Das macht das kühle Wesen des Jungfrau-Mannes, der sich auf die feurige Spritzigkeit seines Widder-Weibes nur recht schwerfällig einzustellen vermag.

Bei der Stier-Frau stimmt die Kasse

Ein Jungfrau-Mann ist klug genug, das starre Beharrungsvermögen und den Eigensinn einer Stier-Frau von Anfang an zu übersehen. Die Liebe zwischen den beiden hat etwas Nützliches: Sie ist wie in einem Haushaltsbuch aufgeschrieben; man sieht zu, dass Soll und Haben stimmen. Das Sparkassenbuch stimmt sowieso. Meist springt ein Eigenheim heraus, wo das Stier-Mädchen Hausmütterchen spielen kann und der Jungfrau-Mann den alles überdenkenden und umsorgenden Familienvater. An eines freilich muss sich die Stier-Frau bei dem Herrn aus der Jungfrau gewöhnen: Er ist nicht nur sparsam in finanziellen Dingen, sondern auch in leiblichen Genüssen. Sie, die so gern und gut und manchmal auch übermäßig isst, wird an seiner Seite enthaltsamer sein und auf manche kulinarische Köstlichkeit verzichten müssen.

Ironische Zwillinge-Frau

Die Zwillinge-Frau wird schon bald erkennen: Aufregend ist das Leben an der Seite eines Jungfrau-Mannes wahrhaftig nicht. Wenn sie mal ins Theater möchte, auf Gesellschaften oder zum Tanz, will er das Geld lieber sparen. Der Jungfrau-Mann schätzt der Zwillinge-Frau geistvolles Wesen (er ist ja selbst ein Verstandesmensch), aber ihre Ironie ist für ihn beleidigend. Und sie kann seine ewige Nörgelei auf den Tod nicht ausstehen. Er ist für absolute Geradlinigkeit, möchte in allem die Wahrheit hören, mit ihr geht jedoch manchmal das Rednertalent durch, und dann entstellt sie unabsichtlich ein wenig die Wahrheit.

Auch die Krebs-Frau ist leicht verletzt

Wir sagten es schon: der Jungfrau-Mann hat eine besonders ausgeprägte finanzielle Ader. Und in dieser Hinsicht wird ihn die Krebs-Frau immer unterstützen, weil sie auf die Sicherstellung ihrer Familie größten Wert legt. Beide haben ein empfindsames Gemüt, beide sind leicht verletzt. Sie übersehen meist, dass sie auch dazu neigen, andere zu verletzen. Und das gibt den Konfliktstoff in dieser Ehe. Auch in erotischer Beziehung scheint nicht alles im Lot: Sie schätzt mehr den feurigen Liebhaber, denn den Mann, der das Sexuelle nur als notwendiges Beiwerk in einer Ehe ansieht. Auf beiden Seiten müsste schon sehr viel Verständnis aufgebracht werden, um diese Kluft zu überwinden.

Die Löwin bringt Geld unter die Leute

Mit der Löwe-Frau hat sich der Jungfrau-Mann eine Dame zugelegt, die er herzeigen kann, die ihn aber teuer zu stehen kommt. Die Löwin hält zwar viel von Wohlstand und Sparbüchern, sie möchte aber das Geld auch zum eigenen Vergnügen unter die Leute bringen. Dem Jungfrau-Mann nützt das Bremsen nichts: Er muss seine Herzenskönigin mit modischer Eleganz ausstaffieren und zusätzlich zu ihr aufsehen. Das fällt ihm noch am leichtesten, weil es nichts kostet. Auf der anderen Seite gibt sie ihm, dem Zaudernden, ein wenig Selbstbewusstsein. Sie unterstützt ihn auch, die Familie in finanzielle Unabhängigkeit zu bringen. Wenn er doch nur nicht so leidenschaftslos wäre!

Diät unter Jungfrauen

Jungfrauen können oft kleinlich sein. Wenn sie sich verbünden, kann diese Kleinlichkeit ins Kraut schießen. In einer solchen Ehe lebt man aus dem Reformhaus. Man achtet auf Diät, koste es, was es wolle, wenn es nur nicht viel kostet. An Luxus hängt weder der Jungfrau-Mann noch die Jungfrau-Geborene. Dafür wächst der beiden Sparkassenbuch Monat für Monat. Die gemeinsamen Kinder haben es gut, es fehlt ihnen an nichts. Aber ihr Taschengeld muss auch für die Beschaffung von Schulheften reichen. Die ehelichen Pflichten erfüllen die beiden aus dem Jungfrau-Zeichen nach Plan. Doch manchmal scheint es, als würde dieser Plan in einer Tiefkühltruhe aufgehoben.

Das dezente Waage-Mädchen

Sie glauben gar nicht, wie sparsam ein Waage-Mädchen bei einem Jungfrau-Mann werden kann. Dieser aber ist dann beschämt und greift tief in die Tasche für das liebreizende Wesen, das er da geheiratet hat. Waage-Frau und Jungfrau-Mann kleiden sich beide dezent elegant. Kein Stäubchen darf auf dem kleinen Schwarzen oder dem dunkelblauen Anzug zu sehen sein! Man will es nicht nur sauber, sondern rein. Über die kleinen Schwächen seiner Frau oder über das, was er dafür hält, über ihre Eitelkeit und Selbstgefälligkeit, sieht der Jungfrau-Mann im Allgemeinen hinweg. Und die Waage-Frau, um ausgleichende Wirkung bestrebt, lässt seine Nörgeleien demütig über sich ergehen. So kommt man miteinander aus – keine himmelhochjauchzende Ehe, aber sie hält.

Skorpion-Frau mit Pfeffer

Jungfrau-Mann und Skorpion-Frau sollten ihre Ehe auf eine geistige Basis stellen. Beide sind mit einem scharfsinnigen Verstand ausgestattet. Aber das bringt auch Gefahren mit sich. Da ist einmal die Kritiksucht des Jungfrau-Geborenen, die bei der Skorpionin auf Granit stößt. Da ist zum anderen die Charakteranlage des Skorpions, jedem Menschen unverblümt die Meinung zu sagen, ob er sie nun wissen will oder nicht. Die Skorpion-Frau legt sich gern mit jemandem an, und sei es nur, um zum Beispiel ihrem Jungfrau-Mann zu beweisen, wie viel Pfeffer sie mit in die Ehe brachte. Manchmal rüstet sie ihn dabei um; aber die Leidenschaft, die er dann zeigt, ist meist nur gespielt. Trotzdem erschien dieses Gespann bisher am wenigsten vor dem Scheidungsrichter.

Lebenshungrige Schütze-Frau

Welten trennen Jungfrau-Mann und Schütze-Frau. Sie ist ein lebenslustiges Persönchen, das mal hierhin und mal dorthin flattern möchte; er sitzt lieber daheim über den Büchern und predigt Enthaltsamkeit. Sie könnte in Bluejeans Gäste empfangen und trotzdem wie eine große Dame auftreten, und er würde sich ihrer schämen. Auch in der Liebe legt sie sich keine Hemmungen auf und ist ungestüm. Er wirkt distanziert und schüttelt allenfalls über das seltsame Gehabe seiner Schütze-Ehepartnerin den Kopf. Manchmal geht es aber trotzdem mit Jungfrau-Mann und Schütze-Frau gut.

Wohltätige Steinbock-Frau

Oft kennen sie sich schon einige Zeit, bevor Jungfrau-Mann und Steinbock-Frau den Entschluss fassen, sich fürs Leben zusammenzutun. Und dann lebt man nicht in einem rosaroten Himmel der Liebe, sondern eher in einem grau gestrichenen Vorzimmer zum Glück. Beide meinen, wenn die Kasse stimmt, braucht man nicht noch groß Fortuna. Man hat Achtung füreinander: er für ihre gute Haushaltsführung, sie für seine Korrektheit und Sparsamkeit. Kommt man zu Geld, wird man manchen Pfennig davon für einen wohltätigen Zweck spenden. Nicht allzu viel, aber immerhin. Von Leidenschaft wird in dieser Ehe wenig gesprochen.

Wassermann-Frau gegen Pedanterie

Charakterlich haben Jungfrau-Mann und Wassermann-Frau wenig gemeinsam. Auf intellektuellem Gebiet aber verständigen sie sich. Der geschliffene Geist des Jungfrau-Mannes erregt der Wassermann-Frau Bewunderung. Umgekehrt ist er von der Wassermann-Frau hohem Ziel, sich karitativ für andere einzusetzen, sehr angetan. In dieser Ehe kann man noch miteinander sprechen – über gute Bücher, über Forschung und Wissenschaft. Es ginge alles gut, wenn nicht dem ausgeprägten Freiheitsstreben der Wassermann-Frau das pedantische Beharrungsvermögen des Jungfrau-Mannes entgegenstünde.

Die Traumwelt der Fische-Frau

Wenn ein Jungfrau-Mann eine Fische-Frau erwählt, so hat er vor der Hochzeit gründlich nachgedacht. Für sie war's vielleicht Liebe auf den ersten Blick, für ihn ein Abwägen. Schließlich denkt er real und kauft keine Katze im Sack. Er schätzt der Fische-Frau Anhänglichkeit und hoffte, dass sie an seiner Seite etwas selbstständiger werde. Doch in der Ehe blieb die Traumwelt, in der die Fische-Frau manchmal gefangen ist. Sie wird durch seine realistischen Reden nicht davon überzeugt, dass die Wirklichkeit ganz anders ist. Außerdem mag er ihre Art nicht, aufzuräumen – da bleibt zu viel liegen. Die Fische-Frau hatte mal wieder an anderes als an den Haushalt gedacht.

Waage

(24. September bis 23. Oktober)

Der Herbst hält seinen Einzug, wenn die Sonne in das Zeichen Waage tritt. Die auf- und absteigenden Naturkräfte gleichen sich aus. Die Ernte wird eingebracht, und die Felder werden für den Winter ein letztes Mal gepflügt. Ein neuer Wein ist herangereift. Die im Tierkreiszeichen Waage geborenen Menschen haben viel von dem Naturrhythmus zwischen Werden und Vergehen mitbekommen: Sie sind für den Ausgleich, auch wenn sie manchmal hin- und herschwanken; sie können schaffen, gleich darauf aber auch faulenzen wie sonst niemand. Sie sind wie der junge Wein in einem ständigen Reifeprozess befangen, der sie durch Höhen und Tiefen führen kann, aber sie haben auch etwas von dem Frohsinn und der stets guten Laune mitbekommen, die der Wein schaffen kann. Ihr Zeichen ist die Waage, deren Schalen mal nach der einen, dann nach der anderen Seite sich senken und nur ganz selten wieder ausgeglichen sind.

Auch dieses Bild lässt auf den Charakter der Waage-Menschen schließen, die für ihr gesundheitliches Wohlbefinden vor allem Harmonie benötigen. Ärger führt bei ihnen zu Steinbildungen, die Nieren und Harnwege sind deshalb am meisten gefährdet. Der Regent ihres Zeichens ist die Venus, ihre Farbe ein zartes Rosa. Ihre Glückssteine sind der Aquamarin, der Stein der Liebenden, aber auch der Edeltopas, Beryll und Diamant. Kupfer ist das bevorzugte Metall dieses Tierkreiszeichens.

Der Optimist aus der Waage

Waage-Männer sind unverbesserliche Optimisten. So leicht wirft sie nichts um. Obwohl sie ein starkes Streben nach Unabhängigkeit haben, passen sie sich schnell an. Grundsätzlich gehen sie Konflikten aus dem Wege.

Der Waage-Mann ist friedfertig und hilfsbereit. Wer ihn um Rat fragt, der wird immer eine passable Antwort bekommen. Sein diplomatisches Geschick wird gerühmt, aber es kann sein, dass er mit seiner Lebensstrategie in einer Sackgasse landet, aus der er sich nur befreien kann, weil er die Hoffnung nie aufgibt.

Leider sind die Waagschalen seines Zeichens nicht immer so ausgeglichen, dass die eben geschilderten guten Eigenschaften zum Tragen kommen. Nur zu oft pendeln sie hin und her, Sinnbild für den unsteten Charakter des Waage-Mannes, der zwar das Beste will, aber nur zu oft über das Ziel hinausschießt oder es erst gar nicht erreicht.

Er wägt zu viel, bevor er sich entscheidet. Das mag sein Gutes haben, meist aber wird ihm die Entscheidung von anderen abgenommen. Und dann steht er im Abseits, weil jedermann glauben mag, wer gar zu viel bedenke, würde auch wenig leisten. Dabei leistet der Waage-Mann Überdurchschnittliches. Wenn er sich einmal in eine Arbeit festgebissen hat, kommt er so lange nicht von ihr los, bis sie erfolgreich beendet wurde. Ebensosehr können aber seine Kräfte schnell erlahmen.

Auch in der Liebe pendeln die Waagschalen hin und her: Er kann so schlecht Nein sagen. Waage-Männer heiraten aus diesem Grunde oft früh, gleich die Erste, die ihnen über den Weg läuft. Wenn sie die Richtige gefunden zu haben glauben, werden sie diese schleunigst zum Standesamt führen, damit sie ihnen kein anderer abnimmt: Was man hat, das hat man.

Manchmal siegt der Rivale. Waage-Männer buchen das auf das Konto Erfahrung ab und gehen danach zur Tagesordnung über: Nur wenige Waage-Männer trauern verflossenen Liebschaften nach. Glauben Sie nun ja nicht, dass er die Verflossene nicht bis in die letzte Faser seines großen

Herzens geliebt hätte. Des Waage-Mannes Gefühle sind immer tief und echt. Aber er hat die Gabe, schnell über etwas negativ Verlaufenes hinwegzukommen. Er verschließt vor den schlimmen Seiten des Lebens gern die Augen.

Viele halten den Waage-Mann für den Erfinder der Liebesaffären, weil er das Bäumchen-wechsel-dich-Spiel aufs Beste versteht. Er wechselt nur deshalb immer wieder, weil die Frauen ihn und seine idealistischen Ziele nicht verstehen wollen. Ein Waage-Mann ist nie schuld – er wird es Ihnen in wohlgesetzten Worten erklären, die freilich von seinen Gesprächspartnern oft als die reinsten Wortverdrehungen empfunden werden.

Diese charmanten Burschen aus dem Venuszeichen sind eine Heirat wert, weil man immer neue Seiten ihres Charakters kennen lernt. Sie sind so einfühlsam, so freundlich und aufmerksam, dass niemand unter dem Sternenhimmel mit ihnen zu vergleichen wäre. Sie sind taktvoll, aber sie können auch mit der sanftesten Stimme die größten Unverschämtheiten aussprechen. Ihre Ironie bringt jeden auf die Palme. Eigene Fehler kreiden sie nur zu gern anderen an. Sie sind geradeheraus, ecken aber mit der nackten Wahrheit oft an, weil sie diese im völlig falschen Moment zum Besten geben können.

Waage-Männer sind treu; jedenfalls sind sie so gescheit, sich nicht erwischen zu lassen. Und sie verlangen auch von ihren Frauen absolute Treue. Sie praktizieren Toleranz und werden darum nicht zugeben, dass sie im Grunde ihres Herzens auf jeden eifersüchtig sind, der ihrer Herzallerliebsten mal näher treten könnte.

Jeder Waage-Mann ist besitzergreifend: Die Frau, die er geheiratet hat, muss in erster Linie für ihn da sein. Nie dürfte sie ihm die Kinder vorziehen (bei ihm kommen ja schließlich die Kinder auch erst an zweiter Stelle!). Ein Waage-Mann führt demokratische Gesetze in die Familie ein, er wird seine Kinder freiheitlich erziehen, doch im Stillen wünscht er sich, als Patriarch anerkannt zu werden.

Er hat gern Gäste um sich, aber er wird nur den Empfangschef und Alleinunterhalter machen – die Arbeit überlässt er seiner Frau.

Der Waage-Mann ist allergisch gegen Streit, aber es ist durchaus möglich, dass er ihn durch eine unbedachte Bemerkung vom Zaune bricht. Er wirft anderen dann ihre Überempfindlichkeit vor und reagiert noch empfindlicher: Niemand ist schneller gekränkt als ein Waage-Mann. Aber niemand lenkt nach einem Streit auch so schnell wieder ein und tut so, als sei nichts gewesen.

Der Waage-Mann ist sehr ordnungsliebend, aber er kann keine Ordnung schaffen (das Wegräumen überlässt er anderen!). Sekretärinnen von Waage-Chefs wissen, wie viel Makulatur auf seinem Schreibtisch zu finden ist. Und mittendrin in diesem Tohuwabohu aus Papier steckt meist ein wichtiger Brief, der auf Erledigung wartet.

Der Waage-Chef ist sehr aktiv, aber mit Entschlüssen scheint er es nicht eilig zu haben. Manches schiebt er auf die lange Bank, bis es sich von selbst erledigt. Er braucht Leute, die er bei wichtigen Entscheidungen um ihre Meinung fragen kann, aber auch dafür, ihnen die Schuld zuzuschieben, wenn etwas schief läuft. Das macht den Waage-Mann auch im Kollegenkreis nicht immer beliebt: Er wird das Lob, das ihm manchmal gar nicht zusteht, einstecken, für den Tadel aber andere suchen.

Waage-Männer sind Künstlernaturen, eigentlich nicht geschaffen für den harten Job des Geldverdienens. Aber ihr vorbildlicher Arbeitseifer und ihre Freundlichkeit werden immer für Gehaltserhöhungen geneigte Chefs finden. Anpassungsfähigkeit und diplomatisches Geschick werden auch manche Unstimmigkeiten mit Kollegen aus dem Wege räumen können. In Wirklichkeit ist der Waage-Mann ja doch ein sonniger und heiterer Typ.

Wählerische Waage-Frau

Man muss es den Waage-Damen lassen: Sie haben Charme und Esprit. Und sie verstehen die Männer so zu nehmen, dass diese von ihnen träumen: die oder keine!

Männer, die solche Traumgebilde erstehen, wissen später, wie teuer sie kommen. Man muss sie in Samt und Seide verpacken. Um der Wahrheit die Ehre zu geben: Jeans stehen diesem Waage-Geschöpf genauso gut wie das elegante Abendkleid. Ihre Anmut tritt selbst dann noch zutage, wenn sie im Aschenbrödel-Look versteckt ist. Das macht die Venus, Geburtsherrscherin im Zeichen der Waage.

Die Waage-Dame weiß um ihre Vorzüge, sie glaubt, zu Höherem geboren zu sein. Und darum ist sie, was Männer angeht, sehr wählerisch. Es muss schon wer sein, dem sie das Jawort gibt, ein Akademiker vielleicht oder ein Unternehmer, auf jeden Fall jemand mit Geld. Und dann fällt dieses reizende Mädchen doch auf jemanden herein, der sich eigentlich eine solche Frau gar nicht leisten kann: Waage-Frauen vergessen bei allen Spekulationen nach Höherem oft ihr weiches Herz, das Liebe auch an scheinbar falsche Objekte verschenken kann.

Das ist das Schönste an der Waage-Frau: dass sie aus jeder Lage das Beste zu machen versteht. Selbst die bescheidenste Hütte wird sie im Nu zu einem gemütlichen Heim ausstaffieren können.

Sie passt sich den Verhältnissen an, aber auch den Menschen. Sie wird ihrem Herzensgemahl alles fern halten, was ihn bedräuen könnte. Sie wird ihm helfen beim Aufstieg in eine andere Gesellschaftsklasse. Sie kann am Stammtisch sitzen und über das letzte Fußballspiel palavern oder im gepflegten Salon über Einsteins Relativitätstheorie diskutieren – überall wird sie ein gern gesehener Gast sein, der ernst genommen wird.

Waage-Frauen zeichnet eine beinahe männliche Logik aus, die sie aber mit weiblicher Raffinesse an den Mann bringen können. Ihr Verstand wägt immer ab, aber sie sind schneller entschlossen als ihre männlichen Waage-Genossen.

Die Waage-Frau ist sehr hilfsbereit. Gegen alle Sorgen und Nöte hat sie brauchbare Rezepte. Sie liebt den Frieden über alles und mischt sich auch hier und da als Schiedsrichterin in Streitgespräche ein, die sie eigentlich gar nichts angehen. Sie drängt sich auf und wird darum oft als lästig empfunden.

Vor der Ehe verschenkte sie manchmal ihr Herz an untaugliche Objekte, die sie heiß und innig zu lieben glaubte, die ihr dann aber aus diesem oder jenem Grunde abhanden kamen. Sie trauert ihnen nie lange nach, aber möglicherweise hält sie sich zu ihren Verflossenen noch ein Hintertürchen auf. Man kann ja nie wissen.

Sie ist zur Einsiedlerin nicht geschaffen. Wenn sie einmal für kurze Zeit ohne Anhang ist, wird sie aussehen wie eine verwelkende Rose. Und sie kleidet sich auch danach. Aber kaum hat sie einen neuen Galan gefunden, blüht sie auf, wirft sich in Schale und ist zu jedermann charmant und nett.

Die Waage-Frau braucht die Liebe, um zu existieren. Und darum wird sie auch eines Tages (im Gegensatz zu ihren männlichen Tierkreiskollegen bindet sie sich meistens nicht allzu schnell) aufs Standesamt gehen, und der Mann, der sie heimführt, wird ihr Ideal sein, wie alle anderen vor ihm auch, denen sie genauso ins Ehejoch gefolgt wäre.

Dass die Ehe dauerhaft wird, dafür wird die Waage-Frau schon sorgen. Sie ist bedingungslos treu, wenn auch ihr idealer Ehemann treu ist. Klatschbasen, die ihr von seltsamen Beziehungen ihres Mannes mit anderen Schönheiten erzählen, wirft sie aus dem Haus: Wie kann man eine Waage-Frau betrügen! Und wenn es die ganze Stadt weiß – sie wird sich die Ohren zuhalten und den Liebesschwüren ihres Gatten mehr Glauben schenken.

Am liebsten möchte sie für ihren Mann immer da sein, ihn umsorgen und pflegen. Aber sie will Gleiches mit Gleichem vergolten sehen. Und da kommt es zu Komplikationen, weshalb viele Waage-Frauen in den ersten Ehejahren ihrem Beruf weiter nachgehen: Sie haben Wünsche, die ihnen der junge Ehemann nicht erfüllen kann. Überdies möchten sie dem Heißgeliebten keine Ungelegenheiten bereiten, wenn sie ihre Ansprüche gegen sein noch nicht sehr hohes Gehalt aufwiegen.

Waage-Frauen sind intelligent: Sie werden sich im Berufsleben zurechtfinden wie keine andere Frau. Was sie anpacken, gelingt ihnen. Wenn es darauf ankommt, sind sie die fleißigsten Mitarbeiterinnen, die man sich denken kann, aber sie können auch den Tag vertun, ihr Strickzeug mit ins Büro nehmen und vor Langeweile gähnen. Sie müssen Betrieb haben, um zu glänzen – eine müde Stellung ist für sie Broterwerb, sonst nichts. Eine Waage-Frau arbeitet nicht nach Programm. Sie kann manchmal fünf gerade sein lassen. Unordnung stört sie nicht. Wenn die Arbeit mal liegen bleibt, mag sie liegen bleiben – es kommt schon wieder der Tag, da man alles aufarbeiten kann. Diese scheinbare Nachlässigkeit hat schon manchen Chef gestört.

Pünktlichkeit ist nicht unbedingt Sache der Waage-Mädchen, aber sie sind Erfinderinnen solch eleganter Ausreden, dass man ihnen nicht böse sein kann. Und überdies arbeiten sie alles irgendwann ja einmal auf.

Erstaunlich viele Waage-Damen kommen in höhere Stellungen oder werden gar selbst Chefs. Meistens haben sie dann einen Partner, der ihnen einige Entscheidungen abnimmt. Die Waage-Frau ist zwar entschlussfreudiger als ihr männliches Pendant, sonst wäre sie ja kaum so weit gekommen, aber sie wägt gerne ab und lässt dann den Partner das Richtige auswählen. Ihr Lächeln wird die Kunden anziehen, ihr Gerechtigkeitssinn die Kolleginnen und Kollegen begeistern.

Eine Waage-Frau wird niemals Geschäftsgeheimnisse ausplaudern, die Post ihres Herzensfreundes wird selbst dann ungeöffnet bleiben, wenn ihr zarter Veilchenduft entströmt. Ihre Neugier entschärft sie mit dem landläufigen Spruch: Was ich nicht weiß, macht mich nicht heiß!

Wie erzieht man Waage-Kinder?

Eigentlich werden Eltern mit einem Waage-Kind kaum Kummer haben. Es ist ein treues Wesen, das alle durch sein Lächeln überzeugt. Es kann stillvergnügt ganz allein spielen. Und es wird immer wieder neue Spiele erfinden, die es von anderen Kindern unabhängig macht.

Aber es ist kein Einzelgänger. Es wird viele Freunde finden, die es manchmal ausnutzen werden, weil es sehr freigebig ist. Man sollte diese Freigebigkeit loben (Lob braucht jedes Waage-Kind), aber doch ein wenig einzudämmen versuchen, sonst verschenkt es noch das letzte Weihnachtsgeschenk.

Waage-Kinder sind wahrheitsliebend und versuchen, gerecht zu sein. Harte Strafe macht sie verbittert, aber sie sehen eigenes Unrecht sehr schnell ein. Zu vielem muss man sie drängen, auch zu den Schularbeiten, denn sie können sich nicht so recht entscheiden, was sie im nächsten Augenblick machen sollen. Man sollte sie zu nichts zwingen – zur gegebenen Zeit werden sie schon selbst alles so machen, wie es die Eltern wünschen.

Die Partnerinnen des Waage-Mannes

Widder-Frau mit Donnergrollen

Mit der Widder-Frau gerät der Waage-Mann an den Antipoden des Tierkreiszeichens. Beide Zeichen deuten auf Gegensätze hin, aber in diesem Falle hat das Sprichwort Recht, dass Gegensätze sich auch anziehen können. Dabei ist der handelnde Teil zunächst meist die Widder-Frau, die dem zögernden Waage-Mann schon vor der Hochzeit die Leviten lesen muss, damit er bei der Stange bleibt. In der Ehe gibt es manches Donnergrollen, aber das legt sich, sobald der Waage-Mann eingelenkt hat. Dabei ist die Widder-Frau einsichtig genug, auch einmal nachzugeben.

Der Stier-Frau Eigensinn

Waage und Stier regiert die Venus. Das heißt Liebe, Liebe und nochmals Liebe. Nebenbei richtet die Stier-Frau den Waage-Mann auf, versucht, ihn für die harte Fron des Geldverdienens abzurichten; denn von den Finanzen versteht sie etwas. Manchmal freilich gibt sie der großzügigen Ader des Waage-Mannes nach. Dann wird angeschafft, der Besitz vergrößert, sich in Schale geworfen. Eines kann er aber nicht ausstehen: Manchmal kehrt sie das Oberste zuunterst, dann ist Unordnung im Haus Trumpf! Und auch ihr Eigensinn lehrt ihn das Fürchten.

Der Zwillinge-Frau muss man zuhören

Die Zwillinge-Frau liebt die galante Art, mit der sich ein Waage-Mann bei jedermann beliebt zu machen sucht. Auf Anhieb verstehen sich die beiden. Und wenn es gefunkt hat, kann es zur Blitzheirat kommen. Der Waage-Mann braucht eine Partnerin, die ihm den Topf hält, wenn er darin die Suppe rührt. Er, der sonst selbst gern sein Herz auf der Zunge trägt, lernt bei seinem Zwillinge-Weib das Zuhören. Ihn amüsiert ihre geistige Regsamkeit. Sie ihrerseits schätzt an dem Waage-Mann den stets adrett gekleideten Gentleman, der sich auf feuchtfröhlichen Partys ebenso zurechtfindet wie auf Festbanketten.

Harmonie mit der Krebs-Frau

Er lebt nach außen und sie nach innen. Trotzdem können Waage-Mann und Krebs-Frau eine glückliche Ehe führen. Sie möchte Ruhe und Frieden, er viel Harmonie im Leben. Beide sind gefühlvoll und verstehen etwas von der Liebe. Der Waage-Mann weiß, dass seine Krebs-Frau das Haus in Ordnung hält und den Kindern die beste Mutter ist. Leider sind beide manchmal überempfindlich, und dann kann es zu Spannungen kommen. Meist gibt der Waage-Mann nach, denn Tränen kann er nicht ausstehen. Schließlich kommt es immer wieder zur Versöhnung.

Die Löwe-Frau, Tochter der Sonne

Es ist die Lebensfreude, die Löwe-Frau und Waage-Mann zusammengebracht hat. Sie schätzt seine geschliffenen Umgangsformen, die ehrliche Bewunderung, die er ihr, der Tochter der Sonne, entgegenbrachte. Er mag ihre großzügige Ader, ihr gewandtes Auftreten in der Gesellschaft. Löwin und Waage-Mann werden gemeinsam ihren Weg machen; ihrem sozialen Aufstieg steht nichts entgegen. Dafür sorgt schon die Löwe-Frau, die ihren manchmal trägen Waage-Partner zu Höchstleistungen anspornen wird. An ihrer Seite wird er ein wenig von dem Glanz der Sonne abbekommen. Da er den Frieden über alles liebt, wird er ihre manchmal etwas herrische Art gelassen hinnehmen.

Mäkelnde Jungfrau

Die Jungfrau-Geborene liebt an dem Waage-Mann die Eleganz, mit der er sich zu kleiden versteht, aber sie mäkelt zu Recht an ihm herum, wenn er einmal vergaß, sein Hemd zu wechseln. Sie wird gleich zu Beginn der Ehe ein Haushaltsbuch anlegen, in das auch er seine täglichen Ausgaben eintragen muss. So kommt scheinbar Ordnung in das Waageleben. Aber im Stillen legt sich der Waage-Mann eine Schmukasse zu, von der seine Jungfrau nichts weiß. Leider kommt sie ihm meist auf die Schliche, und dann muss er Farbe bekennen und sein Portemonnaie vorzeigen. So gewinnt der Waage-Mann mit ihrer Hilfe ein Sparkonto. Und sie lernt an seiner Seite ein wenig das Leben zu genießen.

Gleich gestimmte Waage-Leute

Die Verständigung zwischen zwei Menschen aus dem Waage-Zeichen klappt sofort. Sie haben dieselben Vorstellungen, wie sie ihr gemeinsames Leben gestalten werden. Sie scheinen unzertrennbar, und trotzdem beweist die Statistik, dass es unter solchen Partnern sehr viele Ehescheidungen gibt: Der Gleichklang wird wohl auf die Dauer etwas langweilig. Wenn sie voneinander scheiden, werden sie gute Freunde bleiben. Nun führt nicht jede Waage-Ehe zu solchem Ende. Meist arrangiert man sich und lebt weiter miteinander unter dem Motto: Versöhnung ist das Schönste im Leben.

Die Skorpion-Frau legt Lunte an

Über den nachbarlichen Zaun lernten sie sich vielleicht kennen, aber eigentlich trennen sie Welten: Der Waage-Mann möchte niemandem wehtun, immer noch Kavalier bleiben, auch wenn mit dem gröbsten Geschütz gegen ihn aufgefahren wird. Die Skorpion-Frau versteht, Lunte an dieses Geschütz zu legen. Sie ist verletzend direkt und trifft empfindsame Waage-Naturen bis ins Mark. Auf der anderen Seite mag der Waage-Mann die Zielstrebigkeit der Skorpionin, ihre Anhänglichkeit an die Familie. Er selbst bedenkt gar oft zu viel und flunkert lieber ein wenig, wenn er dadurch einen Streit vermeiden kann. Merkt's die Skorpion-Frau, fliegen die Fetzen. Lernen die beiden, ihre gegenseitigen Fehler zu übersehen, kann aber auch diese Verbindung haltbar sein.

Liebe zu der Schütze-Frau

Es war beim Waage-Mann Liebe auf den ersten Blick, und auch die Schütze-Frau wusste gleich: den oder keinen! Möglich, dass die Verlobungszeit danach etwas länger als üblich dauert; man möchte die Illegalität der Liebe im Verborgenen länger auskosten können. In der Ehe selbst scheint alles rosarot, wenn nur nicht die ewige Unruhe der Schützin wäre! Denn während der Waage-Mann gemütlich am Kachelofen sein Pfeifchen schmauchen möchte, drängt sie auf eine Party mit Leuten, die er nicht ausstehen kann. Möchte er mal Urlaub im eigenen Heim machen, will sie hinaus in die weite Welt. Über die Liebe finden sie sich wieder und bleiben sich – vielleicht – treu.

Arbeitslustige Steinbock-Frau

Oft lernen sie sich im Geschäft kennen und schätzen, und meist kommt nur so eine Ehe zwischen Waage-Mann und Steinbock-Frau zustande. Zu ungleich ist beider Weltanschauung: Er liebt die Bequemlichkeit, das Behagliche – sie ist mehr für Betriebsamkeit und sich in klingende Münze umsetzende Arbeitslust. Er möchte das Leben genießen, sie aber kann nicht leiden, wenn er faul auf dem Sofa liegt und romantischen Träumen nachhängt. Er sollte schuften, damit man zu Vermögenswerten kommt. Schafft das der Waage-Mann nicht, wird sie selbst wieder arbeiten gehen, und ihre Energie wird Bäume versetzen, aber auch die erste Mine legen, die selbst die ausgeglichenste Waage zum Explodieren bringt.

Die Beinahe-Idealehe mit der Wassermännin

Wenn es in der Ehe zwischen Waage-Mann und Wassermann-Frau einmal blitzt, kocht sie ihm sein Leibgericht, und alles ist wieder im Lot. Er möchte sie am liebsten ein Leben lang auf Händen tragen, aber das mag sie gar nicht; da spielt sie das Kräutchen Rührmichnichtan. Und schon ist Unfriede in den eigenen vier Wänden. Im Grunde mag sie seine Zärtlichkeit, nur vor den Leuten sollte er mit seinen Liebesanwandlungen zurückhalten. Waage-Mann und Wassermännin könnten das astrologische Idealpaar sein, wenn sie nicht über Kleinigkeiten stolpern würden, die tagelang Missstimmungen bringen können: Man will Fehler suchen, wo eigentlich nur Liebe sein müsste.

Argwöhnische Fische-Frau

Der Waage-Mann macht's mit Gefühl, und das liebt die Fische-Dame an ihm. Aber manchmal ist er ein rechter Märchenerzähler, versucht Unangenehmes in schöne Worte zu kleiden. Die Fische-Frau aber kann eines nicht ausstehen: Unaufrichtigkeit. Sie argwöhnt oft, dass es ihr Waage-Mann, der zweifellos Chancen beim anderen Geschlecht hat, mit der Treue nicht allzu genau nimmt, übersieht dabei aber, dass ihre Eifersucht ihn erst auf andere Gedanken bringen könnte. Denn im Grunde genommen ist er treu wie Gold.

Skorpion

(24. Oktober bis 22. November)

Raue Winde fegen über die Landschaft und wirbeln die letzten Blätter von den herbstlichen Bäumen, wenn die Sonne das Tierkreiszeichen Skorpion durchläuft. Die Natur bereitet sich auf den Winter vor, aber im Geheimen mobilisiert sie aus dem Vergehen neue Kräfte, die bereit sind zu frühlinghaftem Auferstehen. Die Menschen, die in dieser rauen Jahreszeit geboren wurden, haben einen starken Willen, Neues zu schaffen, Altes abzubauen. Ihre Energie ist beispiellos. Sie schauen ihren Mitmenschen in die Augen und wissen dann, mit wem sie es zu tun haben. Sie lieben den Kampf. Das kommt vom Mars, der neben Pluto ihr Regent ist. Nach außen werden sie sich stets gelassen geben, aber sie wollen damit nur den tätigen Vulkan verdecken, der in ihrem Innern brodelt. Ihre Selbstbeherrschung und ihr Selbstbewusstsein sind bewundernswert. Aber manchmal bricht es aus ihnen mit elementarer Wucht hervor; dann können sie alles niederwalzen, was sich ihnen in den Weg stellt. Oder sie machen's mit List und Tücke, das kommt vom Giftstachel, den jeder Skorpion bei sich trägt. Skorpion-Menschen sind vor allem anfällig für Krankheiten der Unterleibsorgane; für viele besteht wegen ihrer ungestümen Art auch Verletzungsgefahr. Die Farben Grau oder Schwarz passen zu den geheimnisvollen Skorpionen am besten. Eisen ist ihr Glücksmetall, aber in Gold lassen sie am besten ihre Glückssteine fassen: den Granat, den Topas oder den Amethyst.

Skorpion-Männer lügen nicht

Bitten Sie nie einen Skorpion-Mann um seine ehrliche Meinung über Sie, wenn Sie zu den empfindsamen Menschentypen gehören. Er wird mit der ungeschminkten Wahrheit nicht hinter dem Berg halten und Sie sezieren – im Guten, aber auch im Bösen. Daraus ergibt sich eine der schönsten Charakter-Eigenschaften, die Skorpion-Männer besitzen, die sie aber bei ihren Mitmenschen nicht sehr beliebt macht: Sie lügen nicht. Der Skorpion-Mann kann schroff reagieren, aber er kann auch von einer bezwingenden Liebenswürdigkeit sein. Er kommandiert gern, aber er wird auch Befehle bis ins letzte Detail ausführen. Obwohl er die Wahrheit über alles liebt, gehört Selbstkritik nicht unbedingt zu seinen starken Seiten. Er ist sehr nachtragend, wenn ihn jemand beleidigte, aber er vergisst auch nicht den, der ihm einmal Gutes erwiesen hat.

Der Skorpion-Mann ist sehr gesellig. Tafelfreuden schätzt er über alles. Er ist auch in der Liebe kein Kostverächter. Im frühen Mannesalter sucht er sich unverbindlich Gespielinnen, die ihm die Langeweile vertreiben. Er ist da nicht sehr wählerisch, denn wenn er seine Freundinnen über hat, wird er sie mit einem Geschenk nach Hause schicken oder durch einen handfesten Krach vergraulen.

Nur scheinbar ist er ein echter Don Juan, der die Mädchen reihenweise vernascht. In Wirklichkeit ist er ein Sucher nach der Einen, die er mit Haut und Haaren besitzen will. Seine Favoritin müsste ein zärtliches Wesen sein, das sich ihm willig unterwirft. Nach dem Gang zum Standesamt dürfte sie keinen Eigenwillen mehr besitzen. Er wird ihr ein leidenschaftlicher Liebhaber sein, aber wehe sie schaut sich einmal nach einem anderen Manne um: Othello war, was die Eifersucht betrifft, gegen den Skorpion ein Waisenknabe. Seine Komplimente sind sparsam, seine Ehrlichkeit ist darum um so verblüffender.

Der Skorpion-Mann ist auch ein strenger Vater, der hohe Maßstäbe an die Leistungsfähigkeit seiner Kinder anlegt. Sie müssen Respekt vor ihm haben und zu gegebener Zeit kuschen, wenn sie nicht die Hölle daheim erleben wollen. Aber er wird sie beschützen in allen Lebenslagen und sie selbst dann noch lieben, wenn sie ihn scheinbar enttäuschten. Kinder von Skorpion-Männern werden vielleicht erst viel später feststellen können, dass ihr Vater trotz aller Strenge der beste war.

Dem echten Skorpion-Mann ist es völlig gleichgültig, was andere von ihm halten. Er geht seinen Weg nach eigenen Gesetzen (es ist erstaunlich, wie viel Gesetzesbrecher unter dem Skorpion-Zeichen geboren wurden). Er entscheidet, ohne erst andere zu fragen. Er glaubt, dass seine Absichten immer die besten seien, übersieht aber ganz, dass er bei so viel Eigenwillen und so wenig Selbstkritik notgedrungen mehr Fehler machen muss als andere.

Seine Neugier, hinter alle Geheimnisse zu kommen, macht ihn zum geborenen Forscher. Er wird aber auch in jedem anderen Beruf seinen Mann stehen und willig zum Wohle der Firma tätig sein, wenn man nur ein wenig seine Leistungen anerkennt. Er wird unbedingt loyal sein, falls man ihn als vollwertige Arbeitskraft respektiert. Wenn ihm aber irgendetwas nicht passt, kann er ohne Zögern den ganzen Krempel hinschmeißen. Skorpion-Männer lieben die Sicherheit einer festen Anstellung nicht um jeden Preis. Sie können, wenn ihnen etwas wider den Strich geht, geradezu selbstzerstörerisch handeln.

Im Allgemeinen aber wird der Skorpion-Mann ein nützliches Glied in jedem Betrieb sein. Er wird schnell und ohne viele Worte seine Arbeit tun und für viele ein Vorbild eines rechtschaffenen Menschen abgeben. Der Skorpion-Mann ist ein ausdauernder Arbeiter, der kaum Ruhepausen braucht. Man sollte ihn arbeiten lassen: Geschwätz am Arbeitsplatz macht ihn rasend, seine Privatangelegenheiten gehen die Kollegen nichts an.

Viele Skorpion-Männer dienen sich nach oben. Und wer sie auf den Chefstuhl setzt, hatte keinen schlechten Gedanken: An der Schaltzentrale der Macht kann der Skorpion-Mann das beseitigen, was seine Vorgänger falsch machten.

Er wird das Letzte aus seinen Mitarbeitern herausholen, er wird sie aber auch entsprechend entlohnen. Man widerspreche ihm nur mit guten

Argumenten, er wird sie mit einem kleinen Anerkennungshonorar übernehmen. Sein Ziel verfolgt er beharrlich, aber er lässt niemanden in seine Karten schauen: Es ist der Überraschungseffekt, der dem Skorpion-Chef die größten Erfolge eintrug.

Gegner des Skorpion-Mannes, ob er nun als Unternehmer, Angestellter oder als Privatmann auftritt, werden bald feststellen, dass ein Skorpion-Geborener nicht unterzukriegen ist. Viele halten ihn für unbesiegbar und freuen sich, zu seinen Freunden zu gehören. Sie sollten nicht zu stolz darauf sein; der Skorpion-Mann wählt seine Freunde wie auch seine Freundinnen recht zufällig aus.

Er ist ein Anhänger von Stammtischen, an denen es deftig zugeht, aber auch von feinen Gesellschaften, bei denen exklusiven Tafelgenüssen gefrönt wird. Er ist für die Völlerei, auch wenn seine manchmal asketische Figur über diese seine Einstellung hinwegtäuscht. Er liebt das Abenteuer, weil er die Gefahr nicht scheut. Er ist nicht unbedingt Anhänger der Astrologie – nicht, weil er bei ihr als Typ zu schlecht wegkommen könnte, sondern weil er selbst sein Glück und seine Zukunft bestimmen möchte.

Die Skorpion-Frau trimmt sich den Mann zurecht

Was Männer so reizt an der Skorpion-Frau, ist ihr Sex-Appeal. Schon mancher, der in ihre schönen Augen schaute, fühlte sich verhext. Keine andere unter dem Sternenzelt kann so glutäugig schönste Hoffnungen erwecken wie sie. Playboys täuschen sich: Dieses Mädchen ist nicht zum Spielen. Wenn die Skorpionin einen Mann anlockt, will sie ihn ganz! Was ihre Augen und ihre Finger versprachen, hält sie: Sie wird keinen Mann enttäuschen, der ihre Liebe gewinnt. Sie ist eine leidenschaftliche Geliebte, und ihre Gefühle gründen in den lodernden Tiefen eines Vulkans.

Wer sie hat, bekommt sie so leicht nicht mehr los. Sie kann aus Männlein echte Männer machen, aber sie nimmt als Bezahlung Treue. Sie schafft sich ihr Idealbild selbst, indem sie den Mann ihres Herzens ganz auf sich abstimmt. Da werden Fehler abgeschliffen, Korrekturen angebracht, gefeilt und gehämmert, bis es der Skorpionin endlich gefällt. Manche Männer fühlen sich in solcher Verbindung umfunktioniert zum Roboter, der nur nach den Wünschen und Vorstellungen seiner Erfinderin handelt.

Ganz so schlimm ist es nicht: Die Skorpion-Frau kann sehr herzlich sein. Sie möchte in der Ehe gar nicht das Sagen haben; ihr kommt es nur darauf an, einen männlichen Mann zu haben und keinen Waschlappen, der sich nicht durchsetzen kann. Ihr macht es nichts aus, wenn die Verbindung nicht vor dem Standesamt beurkundet wurde. Sie wird auch mit einem festen Freund ein nicht zu scheidendes Verhältnis haben – er ist ihr Mann. Bürgerliche Vorurteile kennt sie nicht.

Natürlich muss auch die Skorpion-Frau ihre Erfahrungen im Mai des Lebens machen. Oft schon verschoss sie ihre glutäugigen Blicke an einen Unwürdigen, der einfach nicht zu lernen bereit war, wie man sich an ihrer Seite verhalten muss. Und manches Klatschweib flüsterte in der ganzen Nachbarschaft von den vielen Liebesabenteuern und den immer neuen Freunden des Skorpion-Mädchens. Klatschtanten können nicht ahnen, wie es um die Seele eines solch leidenschaftlichen Mädchens bestellt ist, das ja nur das Ideal unter einer Vielzahl von Angeboten aussuchen möchte.

Männer, die eine Skorpion-Frau verließen, nennen sie eine Hexe. Sie kommen auch nach der Trennung kaum von ihr los. Dafür sorgt schon der Giftstachel der Skorpionin, der mal hier und mal da piekt. Am besten, solche Männer suchen das Weite und hinterlassen die Nachricht: Unbekannt verzogen!

Eine Skorpion-Frau ist sehr eifersüchtig, aber ihr sexy Verhalten in aller Öffentlichkeit gibt ihrem Partner durchaus ebenfalls Grund zur Eifersucht. Dabei ist sie, wenn sie einmal den Richtigen gefunden hat, bei aller Flirtbereitschaft kompromisslos treu! Sie stellt hohe Ansprüche an den Mann ihres Herzens; er muss ihre heiße Liebe noch leidenschaftlicher erwidern und sich sexuell verausgaben. Er sollte auch intelligent sein und geistvolle Gespräche führen können.

In der Ehe mit einer Skorpion-Frau gibt es oft Krach. Und dann wirft sie dem Mann ihrer Wahl Wahrheiten (sie ist ja grundehrlich!) an den Kopf, dass er meinen möchte, er sei ein erbärmlicher Nichtsnutz, der dieses himmlische Wesen gar nicht verdient.

In aller Öffentlichkeit aber wird sie nur zu ihm aufschauen und der erstaunten Mitwelt kundtun: Seht her, welch Bild von einem Mann ich geheiratet habe. Sollte er angegriffen werden, wird sie ihn bis aufs Messer verteidigen. Und möglicherweise kracht's dann in den eigenen vier Wänden wieder: Die Skorpionin muss ihr Bild von einem Mann noch ein wenig zurechtstutzen.

Auch ihren Kindern darf man nichts zuleide tun, sie wird sich bedingungslos vor sie stellen. Die Kinder haben viele Freiheiten. Die Skorpion-Frau meint nämlich, man müsse sich schon in frühester Jugend allein zurechtfinden können. Sie schließt damit von sich auf andere, bedenkt aber nicht, dass es auch weichere Charaktere gibt, die mehr zärtliche Liebe und vor allem mehr die Mutter brauchen.

Die Skorpion-Frau kann Geheimnisse, die man ihr anvertraut hat, ein ganzes Leben lang für sich behalten. Viele ihrer eigenen Geheimnisse wird sie niemandem, selbst dem eigenen Ehemann nicht, verraten. In ihrer Wohnung steht von Jugend an ein Möbelstück, in dem sie manches verschlossen hält, das nur sie angeht. Männer, die sich einen Nachschlüssel machen lassen, um hinter das Geheimnis im Leben einer Skorpionin zu kommen, werden von ihr in Stücke gerissen.

Sie ist sehr gerecht, aber wer einmal ihre Rache spürte, wird bestätigen, dass sie im Zorn auch ihr Gerechtigkeitsgefühl vergisst. Aber sie vergisst auch nicht Menschen, die ihr einmal Gutes taten.

Skorpion-Frauen werden kaum lange in der Ehe noch nebenbei einen Beruf ausüben, wenn sie nicht einsehen, dass es besser für den gemeinsamen Haushalt ist, ein wenig mitzuverdienen. Überhaupt scheinen sie nicht unbedingt für das Erwerbsleben geschaffen zu sein.

Sie sind zwar sehr pflichtbewusst, aber allzu große Abhängigkeit von fremden Leuten mögen sie nicht. Sie brauchen auch einen Kollegenkreis, der ein wenig Wärme ausstrahlt. In einem nüchternen Großraumbüro werden sie sich einsam fühlen. Und Einsamkeit kann eine Skorpion-Frau nie und nimmer ertragen. Sie fühlt sich am wohlsten, wenn sie auf eigenen Füßen steht – als freie Künstlerin (sie hat ja Geschmack), als Ärztin (sie ist ja fürsorglich), astrologische Fachberaterin (sie hat den sechsten Sinn für die Zukunft) und im ältesten Gewerbe der Welt.

Die Skorpion-Frau ist übrigens eine großartige Chefin, die sich intensiv um ihre Mitarbeiter bemüht. Vielleicht wird mancher Untergebener einer Skorpion-Frau über sie schimpfen, weil sie einen gar zu eisernen Willen hat, aber er muss letztendlich gestehen, dass sie ihren Willen nur da einsetzt, wo es not tut.

Nehme man alles in allem: Wer die Skorpion-Frau hat, sollte sie nicht loslassen; sie ist ein Juwel, das man nur richtig erfassen muss. Denn trotz all ihrer zur Schau gestellten Selbstständigkeit träumt auch die Skorpion-Frau gar zu gern vom Wolkenkuckucksheim.

Wie erzieht man Skorpion-Kinder?

Bringt Ihr Skorpion-Kind oft Schrammen und Beulen nach Hause? Fragen Sie es nicht: Das kommt von den Händeln, die es mit seinen Spiel- und Schulkameraden aus purer Lebensnotwendigkeit austragen muss. Man sollte es dazu erziehen, dass es auf Schwächere Rücksicht nimmt – die Lehren, die ihm die Stärkeren geben, merkt es von selbst. Das Skorpion-Kind ist gelehrig, aber es braucht die starke Hand, die seinen übermäßigen Eigenwillen in die richtigen Kanäle lenkt. Es wird oft zornig reagieren, aber ein strenger Blick der Mutter oder des Vaters kann es zur Räson bringen. Prügel würden seinen starren Sinn verhärten, und was das bedeutet, werden Eltern erleben, wenn es als Erwachsener auf die schiefe Bahn kommen sollte.

Nein, dieses Kind braucht neben der festen Hand (die aber nicht zum Schlagen ausholen sollte) mehr Liebe und Fürsorge als alle anderen Kinder. Es zahlt solche Aufmerksamkeit doppelt zurück.

Die Partnerinnen des Skorpion-Mannes

Auch die Widder-Frau ist vom Mars

Zwei Mars-Typen kommen mit Widder-Frau und Skorpion-Mann zusammen. Das funkelt und zischt und kracht manchmal in der Ehe, aber es verspricht auch perfekte Harmonie. Am besten bildet man eine Kampfgemeinschaft und teilt die Ressorts im Eheleben auf. So bekommt man von den Fähigkeiten des anderen Respekt, redet sich nicht mehr drein. Irgendwo muss schließlich doch die beiderseitige Aggressivität raus, und dann kann es heiter werden. Was die Liebe betrifft, kann nichts schief gehen; denn Skorpion wie Widder-Frau sind leidenschaftlich. Vielleicht laden sie etwas Zündstoff hier ab; dann könnte es zu einer dauerhaften, glücklichen Verbindung kommen.

Die Reize der Stier-Frau

Zunächst war der Skorpion-Mann für die Stier-Frau ein rotes Tuch. Er wusste ihre Reize zu schätzen, aber ihre manchmal allzu selbstbewusste Art brachte ihn zur Weißglut. Damit ist für die Ehe zwischen den konträren Sternenkindern alles gesagt: Nur nicht reizen! Im Materiellen finden sie sich wieder. Man kommt auf einen grünen Zweig. In der Liebe will er mit Leidenschaft, was sie mit viel Gefühl beantwortet. Oft nistet aber der Argwohn in dieser Ehe, denn Skorpion-Mann wie Stier-Frau sind nicht von Eifersüchteleien frei. Man sollte dem Partner nicht den geringsten Grund geben – ein schiefer Blick schon genügt zur Krise.

Gut aufgelegte Zwillinge-Frau

Eines sollte sich die Zwillinge-Frau sagen lassen, wenn sie sich mit einem Skorpion-Mann zusammentut: Mit ihrer Neigung zu Flirts ist Schluss. Er will sie mit Haut und Haaren besitzen, sonst bohrt nagende Eifersucht an seinen leidenschaftlichen Gefühlen zu der stets zu Späßen aufgelegten Zwillinge-Frau. Oft haben beide die gleichen Steckenpferde, auch im Geistigen liegen sie nahe beeinander. Nur verliert die Zwillinge-Dame leicht die Lust am schönsten Spiel, das der Skorpion weiterspinnen möchte. Und bei aller Bewunderung für seine Energie könnte das bei ihr Lethargie hervorrufen. Ihre spitzen Bemerkungen können dann ein Übriges tun, um des Skorpions Giftstachel in Kampfstellung zu bringen.

Beschützer der Krebs-Frau

Der Skorpion-Mann ist der geborene Beschützer der etwas labilen Krebs-Frau, die sich gern in ihr Haus zurückzieht und im stillen Winkel über die ach so böse Welt nachdenkt. Der Skorpion lässt die Krebsin nur eine Weile schmollen, dann lockt er sie aus der Reserve, ganz der verstehende Liebhaber. Über den gegenseitigen Empfindungen vergessen sie Not und Streit. Nur ihren Mutterkomplex kann er nicht ausstehen, und so weist er gut gemeinte Ratschläge der Krebs-Frau oft schroff zurück. Sie sollte weise darauf reagieren und ihm sein Selbstgefühl lassen. In der körperlichen Liebe wissen sich Skorpion-Mann und Krebs-Frau viel zu geben. Und da außerdem beide an ihrer Familie hängen, hat diese Ehe meistens Bestand.

Die Löwin muss man schnurren lassen

Beim ersten Male sah der Skorpion-Mann zu der Löwe-Frau auf, und das schmeichelte ihr so sehr, dass sie mit ihm aufs Standesamt ging. Leider blieb es bei diesem einzigen Mal, denn ein echter Skorpion möchte selbst gern die Zügel in die Hand nehmen und sich nicht bevormunden lassen. In der Liebe gibt es die gleichen Leidenschaften; hier ist der Filter zu suchen, den man dringend braucht, soll die Ehe Bestand haben. Der

Skorpion-Mann müsste seiner Löwin ab und an ein wenig schmeicheln, das lässt sie schnurren und vielleicht vergessen, dass er so gern Beschützer, aber auch Gebieter in der Ehe sein möchte.

Die vernünftige Jungfrau

Vor der Ehe ist oft abgrundtiefe Abneigung zwischen der Jungfrau-Geborenen und dem Skorpion-Mann. Sie mag seine Selbstherrlichkeit nicht, er nicht ihre pingelige Art, selbst auf dem eben polierten Fußboden noch ein Stäubchen zu finden. Lernen sie sich dann ein wenig besser kennen, finden sie plötzlich gemeinsame Wesenszüge: Man hat gern Besitz, eine vernünftige Einstellung zum Materiellen und könnte ein Team bilden. Von Liebe wird nicht allzu viel gesprochen, wenn auch dem Skorpion-Mann nicht unbedingt behagt, dass seine Jungfrau nicht allzu leidenschaftlich bei der Sache ist.

Der Egoist und die Waage-Frau

Im Nu war der Skorpion-Mann für die Reize der Waage-Dame empfänglich, in der Ehe stört ihn manches, was seine Waage-Frau für erstrebenswert hält: ihre Putzsucht (oder was er dafür hält), ihre geringe Entscheidungsfreudigkeit. Sie hat vor ihm manchmal Angst, wenn er betont männlich einherschreitet und rücksichtslos seinen Egoismus auslebt. Er liebt seine Waage-Frau heiß und innig, aber tief in seinem Innersten sitzt der Stachel der Eifersucht. Mag sie mit viel Diplomatie diese Nachtseite seiner Seele herunterzuspielen versuchen, es wird ihr nie ganz gelingen, den nagenden Zweifel des Skorpions an ihrer Treue zu beseitigen. Am ehesten ginge es, wenn der Skorpion seinem Waage-Weib ein Heim bieten könnte, das es mit viel Geschmack ausstaffieren dürfte.

Skorpione auf dem Pulverfass

Skorpione verkehren behutsam miteinander; jeder weiß um den Stachel des anderen! So kann es zu einer echten Lebensgemeinschaft kommen, die – trotz aller egoistischen Vorstellungen und Wünsche – das Wir in den

Vordergrund stellt. So ganz schlau wird ein Skorpion aus dem anderen freilich nie, denn beide halten mit manchem hinter dem Berg. Bündeln sie ihre Energie, kommt Nützliches dabei heraus, vor allem Reichtum, Ansehen und Wohlstand. Geben aber Skorpion-Frau und Skorpion-Mann dem eigenen Dickkopf nach, könnte die Ehe zum Pulverfass werden, das schon ein kleiner Funke zu einer heftigen Explosion bringt.

Die Schütze-Frau zog an

Die reizende Weiblichkeit der Schützin zog den leidenschaftlichen Skorpion-Mann unwiderstehlich an. Doch nach dem ersten Getändel will der Skorpion bereits zur Sache kommen, wenn der Schütze-Frau noch nach Spiel zumute ist. Beide lieben das Abenteuer, die Freiheit ungebundenen Lebens. Die Schütze-Frau möchte diese Freiheit auch in der Ehe haben, der Skorpion-Mann will sie nur für sich allein. So kommen sie oft nicht bis vors Standesamt. Haben sie aber Hochzeit gehalten, sollte der Skorpion-Mann nicht zu sehr den Patriarchen spielen: Seine Schütze-Frau würde die Bevormundung nie mitmachen und schon bald in den Jagdgründen anderer jagen. Man sollte viel miteinander auf Wanderschaft gehen; die frische Luft klärt das Gehirn und lässt den Verstand danach besser arbeiten: Man suchte und fand sich, jetzt sollte man auch miteinander auskommen!

Die Favoritin aus dem Steinbock

Die Leidenschaft einer Steinbock-Frau ist ein wenig unterkühlt. Das sollte auch der leidenschaftliche Skorpion-Mann bedenken, wenn er das „Böckchen" zu seiner Favoritin erhoben hat. Aber sie geht willig auf ihn ein, wenn nur die Kasse stimmt. Spannen sich Steinbock-Frau und Skorpion-Mann zu einer Interessengemeinschaft zusammen, so werden sie Großes erreichen. Ihr gesunder Sinn für materielle Werte und die Sicherheit, die aus ihnen erblüht, ist sprichwörtlich. Wenn sie sich aber um das Sagen in der Ehe streiten, könnten sie sich auseinander leben. Und später wird jeder vom anderen behaupten: Du warst doch der Beste!

101

Misstrauische Wassermann-Frau

Am Anfang einer Verbindung zwischen Skorpion-Mann und Wassermann-Frau steht die Eifersucht, die sich in der Ehe fortzusetzen pflegt. Dabei hat die Wassermann-Frau am wenigsten Grund, ihrem Skorpion zu misstrauen. Ihn macht die ständige Flirtbereitschaft seiner Wassermännin rasend; er sollte bedenken, dass er selbst Ursache gab, weil er ihre Bewegungsfreiheit einzuschränken versuchte. Sie wirkt manchmal prüde, wenn er sie leidenschaftlich umwirbt. Ein ungleiches Paar also? Nicht unbedingt, denn in einem Punkt ähneln sich Wassermann-Frau und Skorpion-Mann sehr: sie können abschalten.

Im Netz der Fische-Frau

Ihr Element ist das Wasser, in dem sie sich nach Herzenslust tummeln können. Der Skorpion-Mann spielt darin den Beschützer, der darauf achtet, dass sein Fischlein an keine Angel geht. Die Fische-Frau sucht seinen Schutz, aber manchmal, wenn er plötzlich grob wird, ertränkt sie ihren Kummer und bekommt das heulende Elend. Wo er das Ziel längst anvisiert hat, spinnt sie noch Träume. Es sind die Gegensätze, die Skorpion und Fischlein anzogen – es sind aber auch Gegensätze da, die abstoßend wirken können. Bemüht sich der Skorpion-Mann bei aller Leidenschaftlichkeit, auf die zarten Gefühle seiner Fische-Frau Rücksicht zu nehmen, kann eigentlich nichts schief gehen.

Schütze

(23. November bis 21. Dezember)

Die Sonne steht im Tierkreiszeichen Schütze vom 23. November bis 21. Dezember. Der Herbst klingt aus, der Winter steht vor der Tür. Die Stürme, welche die Blätter von den Bäumen fegten, sind vorüber. Das Jahr kommt in eine ruhigere Phase, aber die Natur bleibt nicht untätig; sie bereitet den Wandel vor. Menschen, die in dieser Zeit geboren wurden, sind äußerlich ruhig, aber im Inneren sehr oft zwiespältig. Sie lieben ihre Unabhängigkeit über alles, handeln vielfach instinktiv und gelten als die unverbesserlichen Optimisten im Tierkreis. Sie wollen gerecht sein, aber da sie Freunde von schnellen Entschlüssen sind, können sie anderen gegenüber ungerecht erscheinen. Unrecht sehen sie jedoch sehr bald ein und versuchen dann, alles wiedergutzumachen. Sie sind Erfolgsmenschen, die sich in untergeordneter Stellung nicht wohl fühlen. Ihr Instinkt weist ihnen meistens den richtigen Weg, sie scheinen das Glück gepachtet zu haben. Rückschläge im Leben werfen sie nicht um, ihr Optimismus richtet sie immer wieder auf. Unterm Schützen, dessen Planetenbeherrscher Jupiter ist, bringt dieser Widerstand gegen schlechte Einflüsse aber auch großen Nervenverschleiß mit sich, weshalb vor allem das Nervensystem der Schütze-Menschen bedroht ist. Auch die Leber macht manche Ungelegenheit – alkoholische Getränke sollten daher von den Schützen nur mäßig genossen werden. Zinn ist das Glücksmetall dieses Zeichens, der meergrüne Türkis sein bevorzugter Talisman, aber auch Granat und der dunkle Saphir sind seine Glückssteine.

Der Schütze-Mann
liebt die Unabhängigkeit

Der Schütze-Mann ist immer ein Idealist, aber es ist möglich, dass seine Ideale anderen Menschen nicht gleich auffallen: Schütze-Männer verbergen manches, was sie wollen, hinter Sarkasmus.

Trotzdem sind sie bei ihren Mitmenschen sehr beliebt, sie haben viele Freunde, denen sie ihr ganzes Vertrauen schenken. Sie können im kleinen Kreis intime Erlebnisse ausplaudern, ohne sich dabei etwas zu denken. Nur zu oft wurde ihnen diese Vertrauensseligkeit schlecht gelohnt, weshalb die Freundschaften wechseln.

Der Schütze-Mann ist sehr impulsiv. Er reagiert überschnell und überhart. Sieht er aber ein, dass seine Reaktion falsch oder gar ungerecht war, wird er urplötzlich einlenken.

Der Schütze-Mann sagt manches schärfer, als er es meint. Er rettet sich dann in jenen Sarkasmus, der verletzend wirken kann, und ist bestürzt, wenn seine Mitmenschen darauf sauer reagieren. Unehrlichkeit ist ihm ein Gräuel, weshalb er stets auch ehrlich gegen sich selbst ist und eigene Fehler eingesteht. Er ist antiautoritär: Obrigkeitsdenken ist ihm zuwider. Die gute Laune des Schütze-Mannes wird hoch gelobt. Er ist heiter, ein geselliger Typ, der sich überall zurechtfindet. Viele Schütze-Männer neigen zu plötzlichen Zornesausbrüchen über oft fadenscheinige Angelegenheiten.

Festen Bindungen sind sie abgeneigt, sie begeben sich nicht gern in irgendwelche Abhängigkeit. In keinem Sternbild gibt es daher mehr Junggesellen als im Schützen, obwohl gerade in diesem Zeichen die Liebesabenteuer seltsame Blüten schießen. Es ist dieselbe Abenteuerlust, die den Schütze-Mann zum geborenen Entdecker macht, die ihn auf Reisen in unbekannte Fernen treibt: Er will das Rätsel Weib immer neu entblättern, ohne sich zu binden.

Wird er nicht durch irgendein Ereignis zu schnellem Handeln gezwungen, kann er eine Liebesverbindung auf lange Zeit hinaus ausdehnen, ohne den Weg aufs Standesamt zu finden. Mancher Schütze-Mann lebte jahrelang mit einer Frau zusammen und heiratete dann urplötzlich eine andere.

Es ist der Charme des Schütze-Mannes, der von ihm verlassene Frauen glauben lässt, nur unglückliche Verhältnisse hätten sie von ihm getrennt. Sie geben dem Hallodri auch dann noch nicht die Schuld am Abbruch einer Liebesromanze, wenn sie längst erkannt haben, dass er sich einer anderen zugewandt hat. Und nur zu gern wären solche Frauen bereit, das Verhältnis des verheirateten Schütze-Mannes zu spielen.

Die Frauen umschwärmen ihn, sodass er die Qual der Wahl hat. Der Schütze-Mann drückt sich lange vor einer Entscheidung, weil er Angst hat, die Falsche auszuwählen. Seine Vorliebe für schnelle Entschlüsse, die er hinterher bereut, kann ihn aber dazu verführen, sich tatsächlich für die Falsche zu entscheiden.

Der Schütze-Mann hat alle Anlagen für einen guten Ehemann und Familienvater. Aber die Neigung zur Unabhängigkeit des eigenen Ichs ist stärker. Die Ehefrau des Schütze-Mannes müsste viel Verständnis aufbringen für seinen seltsamen Freiheitsdrang. Der Schützling Jupiters muss stets und ständig wissen, wie sehr man ihn liebt, wie sehr man auch versteht, dass er einmal aus dem Ehealltag ausbrechen möchte, um allein eine große Reise zu machen, oder auch nur, um mit guten Freunden beisammenzusein. Unverständige Frauen sehen bald nur noch seine Fersen. Da er ehrlich ist, wird er seiner Frau alles erzählen, was er auf seinen Ausflügen in die Freiheit erlebte. Sie sollte ihm nichts krumm nehmen, auch nicht gelegentliche Kritik. Im Grunde genommen meint er es nie so, wie er es ausspricht.

Seinen Kindern ist der Schütze-Vater der beste Kamerad. Mit seinen Söhnen wird er viel in der freien Natur herumstreifen, mit den Töchtern kann er weniger anfangen, aber er wird versuchen, falls ihm Söhne verwehrt sind, sie wie Buben großzuziehen. Er ist von antiautoritärer Kindererziehung überzeugt: Seine Kinder dürfen mehr als Kinder anderer Väter.

Im Berufsleben kann sich der Schütze-Mann nicht allzu gut unterordnen. Das weiß er, weshalb er immer bestrebt sein wird, eine Stellung zu finden, die ihm mehr Unabhängigkeit gewährt. Dabei wird er oft in einen Beruf wechseln, der seinen eigentlichen Fähigkeiten gar nicht entspricht. Er wird hart an sich arbeiten, um endlich die Stellung zu erreichen, für die er sich selbst am besten geeignet fühlt, aber dabei stets auch ein wenig auf das Glück hoffen, das den Schütze-Mann im Leben fast nie ganz im Stich lässt.

Er ist immer ein angenehmer Kollege. Aber um etwas zu erreichen, kann er auch die Ellbogen gebrauchen. Er schätzt Freundschaften am Arbeitsplatz, solange sie seinem eigenen Wollen nicht im Wege stehen. Chefs sollten ihn häufig vor versammelter Mannschaft loben; er wird es mit doppelter Anstrengung zurückzahlen und bereit sein, sich mit ganzer Kraft einzusetzen.

Viele Schützen arbeiten sich zum Chef hoch. Sie haben immer das Wohl der Firma im Auge, honorieren daher gute Arbeit großzügig. Ihre Untergebenen verwirren sie manchmal mit allzu sarkastischen Bemerkungen und impulsiven Urteilen: Takt ist erst im Nachhinein die starke Seite eines Schütze-Mannes.

Die Schütze-Frau kennt keine Langeweile

Sie ist das heiterste Geschöpf unter dem Sternenhimmel; die gute Laune einer Schütze-Frau steckt an. Sie ist tolerant und freundlich. Ihr Charme lässt die Männer reihenweise zu ihren Füßen knien. Ihre Eleganz stempelt sie zur Dame; selbst im billigen Fummel von der Stange macht sie noch gute Figur. Sie ist vielseitig begabt und neigt zu allem Schönen auf der Welt, zu guter Musik und zu den Künsten, die Liebeskunst mit eingeschlossen.

Solche Vorzüge müssten jeden begeistern, wenn dieses liebenswerte Geschöpf nicht auch seine Schattenseiten hätte: Die Schütze-Frau redet zu viel. Ein Wortschwall von ihr kann alle guten Eindrücke verwischen. Dabei meint sie manches gar nicht so, wie sie es ausspricht. Das macht ihre durch nichts zu überbietende Offenheit. Wenn sie an jemandem etwas auszusetzen hat, wird sie ihm das ohne Umschweife zu verstehen geben. Es muss heraus, auch wenn es den anderen tödlich verletzt! Viele halten sie daher für taktlos, und sie fühlt sich dann unverstanden.

Es gibt keine Frau, die sich so selbstsicher durchs Leben bewegt wie sie. In Gesellschaften ist sie daher ein gern gesehener Gast, der wegen seiner sprühenden Laune angehimmelt wird. Sie greift auch immer wieder in die Unterhaltung ein, und was sie sagt, hat meistens Hand und Fuß, wenn es nicht – siehe oben – missverstanden wird.

Die Schütze-Frau muss immer Betrieb um sich haben. Langeweile wird sie nie kennen lernen; denn wenn kein Betrieb da ist, wird sie ihn mit ihren heiteren Einfällen schaffen! Und wenn es ihr zu bunt wird, geht sie auf Reisen oder sucht sonstige Veränderung.

Ein großer Freundeskreis ist ihr sicher, aber sie wird ihn häufig wechseln. Sie wechselt auch die Männer, die ihr nahe zu stehen glaubten. Wenn sie davon überzeugt ist, dass der augenblickliche Mann ihres Herzens doch nicht so ganz der Richtige ist, kann sie von heute auf morgen den Schlussstrich ziehen, wobei sie offen und ehrlich genug ist, ihm gleich die Gründe zu erklären. Dabei verbirgt die Schütze-Frau hinter der takt- losen Angabe von fadenscheinigen Gründen, die zur Trennung führten, nur ihr eigenes heißes Verlangen nach der großen Liebe, die sie in diesem Fall – leider – nicht gefunden zu haben glaubte.

Sie sehnt sich nach einem Heim, das ihrem ruhelosen Ich Stützpunkt sein könnte, nach dem Mann, dem sie bedingungslos die Treue halten kann. Aber immer wieder stellt sie kleine Fehler an den Geliebten fest, die mit ihr in den rosaroten Ehehimmel entschweben möchten: Schon man- che Schütze-Frau machte kurz vor der Hochzeit Schluss und wand sich aus der Fessel, die ihr sanft um den Ringfinger gelegt war.

Männer, die sie verlassen mussten, sollten nicht glauben, nun ginge die Schütze-Frau ins Kloster. Solch Überheblichen beweist sie es: Auch als

Junggesellin wird sie weiter auf der Suche nach dem Einen sein, der alle anderen vergessen lassen könnte. Sie wird ihr beschwingtes Leben weiterführen und sich nicht daran stören, dass vielleicht ihr Ruf angekratzt werden könnte, weil sie wieder einmal den Mann zum Teufel jagte, den sie der Umwelt schon als den zukünftigen Gatten vorgestellt hatte.

Die Schütze-Frau kennt solche Skrupel nicht, sie schert sich wenig um die Meinung der anderen. Das macht es dem Nachfolger in ihrer Gunst freilich auch leichter: Ist einmal der Schlussstrich unter Vergangenes gezogen, kehrt die Schütze-Frau kaum je einmal dorthin zurück.

Wer sie endlich heimführt, wird es mit ihr nicht ganz leicht haben. Die Schütze-Frau wünscht sich Glück und Harmonie an der Seite ihres Gatten, aber auch ein wenig Luxus. Es müsste schon so viel da sein, dass sie sich gut kleiden und ab und zu verreisen könnte (wenn das Geld für zwei fehlt, zur Not ohne ihn). Auch auf Gesellschaften wird sie nicht ganz verzichten können. Sie kommt also den Mann, den sie sich erwählte, ganz schön teuer, selbst wenn sie bereit ist, durch eigene Tätigkeit etwas hinzuzuverdienen. Dafür hat er auch ein Weib geangelt, mit dem man sich sehen lassen kann, das von so übersprühender Laune ist, dass man bei ihr des Lebens heiterste Seite kennenlernt. Sie versteht, den Haushalt zu versorgen, auch wenn sie sich nur widerwillig an die Hausarbeit gewöhnt. Sie versteht ebenso, die Kinder prächtig zu erziehen. Man sollte sie ein wenig verwöhnen, dann ist sie bedingungslos treu. Nur an ihrer absoluten Ehrlichkeit sollte man nie zweifeln und ihre allzu offenen Redewendungen übersehen. Man sollte nur ja nicht denken, dass die Schütze-Frau stets männlichen Schutzes bedürfte. Sie weiß sehr wohl auf ihren eigenen Füßen zu stehen. Und darum auch bleiben viele Schütze-Frauen bis ins hohe Alter hinein Junggesellinnen aus Passion. Sie werden im Berufsleben ihren „Mann" stehen: Chefs lieben die beherzte Art, mit der Schütze-Frauen jedes Problem anpacken.

Sie haben darum auch männliche Konkurrenz kaum zu fürchten, und wenn diese gar zu hartnäckig dräut, werden sie immer eine weibliche List finden, solche Burschen aus dem Wege zu räumen.

Dem Weg nach oben sind also kaum Schranken gesetzt – verständlich daher, dass viele Schütze-Frauen zu Chefinnen avancieren. Und ihre Mitarbeiter werden es gern bestätigen: Mit dieser Dame kommt Schwung in den müdesten Laden. Ihr gutes Urteilsvermögen und ihr Instinkt, Zukünftiges weit vorauszuschauen, hilft der Firma über manchen Verlust hinweg.

Die Schütze-Frau ist ein sonniger Typ, sie ist vielseitig begabt und hat das Herz am rechten Fleck. Sie hat einen unwiderstehlichen Drang nach Unabhängigkeit, auch wenn sie von Geborgenheit an der Seite eines Menschen träumt, dem sie alles geben kann – selbst ihr eigenes Ich.

Wie erzieht man Schütze-Kinder?

Ein Schütze-Kind braucht die Familie, um sich entfalten zu können. Es braucht kameradschaftliche Eltern, die über kleine Fehler, die es in kindlichem Übermut begeht, hinwegsehen können. Und dieses Kind braucht Auslauf, einen Garten hinterm Haus oder einen Wald nahebei. Schütze-Kinder sind naturverbunden, sie haben auch gern vierbeinige Spielkameraden, mit denen sie über Stock und Stein springen können.

Schütze-Kinder sind ehrlich: Wenn sie etwas angestellt haben, werden sie es offen bekennen. Wehe den Eltern, die nicht mit derselben Offenheit ihrem Schütze-Kind gegenüberträten! Es würde sie nicht mehr verstehen. Vertrauen schenkt es für Vertrauen; man sollte es nicht enttäuschen. In der Schule wird sich das Schütze-Kind wohl fühlen. Das macht seine Lernbegierde. Es wird sich mit den Schulkameraden vortrefflich verstehen, aber allzu strenge Lehrer können ihm die Schule verleiden. So sehr das Schütze-Kind das gesellige Leben im Elternhaus schätzte, wird es diesem doch oft früher entwachsen als andere Kinder; denn nur zu bald bricht ein typischer Charakterzug durch: Er will unabhängig sein.

Die Partnerinnen des Schütze-Mannes

Feurige Liebe zu der Widder-Frau

Ist der Schütze-Mann mal so richtig auf dem Tiefpunkt seiner Gefühle angelangt, sollte ihm eine Widder-Frau begegnen. Sie wird ihn aufrichten und ihn wieder zu dem machen, was er eigentlich ist: ein umgänglicher, oft recht lustiger Bursche, mit dem man die berühmten Pferde stehlen kann. Widder-Frau und Schütze-Mann sind in feuriger Liebe einander zugetan, was nicht ausschließt, daß einer von beiden auch mal die Türen knallt. Die Widder-Frau hat die Ideen, die der Schütze-Mann zu beider Bestem ausführen könnte. Beide verstehen sich aufs Geldverdienen, doch schon manche Widder-Schütze-Ehebilanz lautete am Ende: Wie gewonnen, so zerronnen. Das macht der Hang zum Leichtsinn, der diese beiden verbindet.

Wie ein Magnet: die Stier-Frau

Wenn ein Schütze der Stier-Frau den Hof macht, kommt er so leicht nicht wieder von ihr los. Sie ist der Magnet, an dem der Eiserne kleben bleibt. Gewiss, er liebt seine Stier-Frau, und sie mag den Schützen auch, aber es bleibt doch alles ein wenig an der Oberfläche der Gefühle. Sie möchte ihren Mann ganz besitzen, er aber wird versuchen, auszubrechen aus der Fron, die für ihn die Stier-Verbindung bedeutet. Die Stier-Frau hat eine gute Ader fürs Materielle. Sie hält das Geld zusammen, das er verdient und leichtsinnig wieder ausgeben möchte. Übrigens haben die beiden im Sexuellen keine Schwierigkeiten miteinander.

Reisen mit der Zwillinge-Frau

In einem Punkt sind sich Schütze-Mann und Zwillinge-Frau einig: Sie reisen für ihr Leben gern. Sonst aber haben sie nicht viel gemeinsam, außer dass sie beide gern reden, aber das kann auch ein Auseinanderreden bedeuten. Am liebsten würden sie ohne Ehefessel nebeneinander herleben, denn die persönliche Freiheit gilt ihnen viel. Reibereien gibt es vor allem dann, wenn die Zwillinge-Frau ihren Sinn für Flirts allzu sehr entfaltet: Der Schütze-Mann will zwar selbst dieses Recht unbeschnitten haben, billigt es seiner Partnerin aber nicht zu. Die Schokoladenseite dieser Verbindung: Man ist nie nachtragend.

Der Krebs-Frau Tränen lassen ihn kalt

Er ging zum Standesamt mit ihr, weil er das arme Hascherl beschützen wollte. Doch in der Ehe sieht der Schütze-Mann seine Beziehung zur Krebs-Frau entstellt. Sie baut ihm ein Haus und will ihn darin festhalten; er möchte ausbrechen und seine Junggesellenallüren auch in der Ehe beibehalten. Die Krebs-Frau wird ihrem Schützen oft sanfte Vorhaltungen machen, wenn er des Abends spät vom Biertisch nach Hause kommt; er wird sich auf dem Absatz umdrehen und in die Nacht mit ihren weiblichen Gefahren entfleuchen. Ihre Tränen lassen ihn kalt. Sie versucht geduldig zu sein, aber es gelingt ihr nicht immer.

Da der Schütze auch in der Liebe seine Freiheiten haben möchte, lebt man manchmal nebeneinander her und hat sich kaum noch etwas zu sagen. Meist liegt's an des Schützen mangelndem Verständnis für zartbesaitete Seelen.

Die Löwin als ständige Begleiterin

Ein Schütze-Mann, der in der Gesellschaft etwas gelten möchte, sollte sich eine Löwe-Frau als ständige Begleiterin zulegen. An ihrer Seite wird er einen Teil der Bewunderung, die er wie sie lebensnotwendig braucht, abbekommen. Mit ihrer Hilfe wird er es auch zu einem stattlichen Bankkonto, zu Haus und Grundbesitz bringen. Er sollte sie nur ein wenig hofieren; aber das ist dem Schützen zuwider. Und so streichelt er seine Löwin wider den Strich, und sie fletscht die Zähne. Sie sollten alles gemeinsam zu erreichen versuchen, dann kann eigentlich nichts schief laufen.

Zuteilung von der Jungfrau

Der Schütze jagte die Jungfrau, aber sie fing ihn ein. Und der sonst so Selbstbewusste hat von nun an nichts mehr zu melden. Am Ersten muss er die Lohntüte auf den Tisch des Hauses legen und bekommt zugeteilt, was ihm die Jungfrau-Dame zubilligt. Viel bleibt da nicht übrig; denn sie ist eine Meisterin im Geldverwalten und Geldanlegen. An ihrer Seite lernt der Schütze erst, wie ein Herr gekleidet einherzugehen, obwohl er viel lieber auch einmal Bluejeans anziehen würde. Die Jungfrau-Geborene wird sein Leben in ordentliche Bahnen lenken, aber dem freiheitsdursti-gen Schützen ist das gar nicht recht. Und so wird er eines Tages ausbre-chen oder – sich für immer bescheiden.

Die Waage-Frau ist sehr gefragt

Man muss es dem Schützen lassen: Er ist mit dem gewissen Blick für hübsche Mädchen ausgestattet, der diese auf Anhieb in seinen Bann zieht. Bei der Waage-Frau geriet er an eine, die überdies noch alles mitmacht, wonach er verlangt. In der Liebe ist sie die ausdauerndste, aber manch-mal auch in den hochherrschaftlichen Launen. Der Schütze-Mann sollte diese Dame trotzdem so schnell wie möglich aufs Standesamt führen: Waage-Mädchen sind verständnisvoll, wenn es um den Freiheitstrieb ihres Partners geht, aber wegen dieser Eigenschaft auch von anderen Stern-Typen gefragt. Die Waage-Dame ist sehr kompromissbereit, sodass des Schützen Dickkopf nicht allzu sehr in dieser Ehe ausgespielt werden kann. Und das tut dem Zusammenleben gut.

Abenteuer mit der Skorpion-Frau

Was den Schütze-Mann und die Skorpion-Frau verbindet, ist der Hang nach Abenteuern. Dabei bemerkt der Schütze gar nicht, wie ihn die Skor-pionin mehr und mehr überspielt, dass sie ihn zu ihrem ständigen Be-gleiter umfunktioniert. Obwohl der Schütze schon manche Trennung überwunden hat, muss er einsehen, dass von der Skorpion-Frau so leicht niemand loskommt. Sie liebt die Beständigkeit, auch in der Ehe. Sie schweigt, wenn er sie mit Reden überzeugen will, sie schweigt, wenn er ihr imponieren will. Nur einmal unterbricht sie das Schweigen, wenn er gar zu sehr von sich und seinen Erfolgen spricht. Und das tut der Schütze nur zu gern.

Schützen auf Reisen

Die ersten Jahre einer Ehe unter Schützen gleicht den Turbulenzen, denen ein Sportflugzeug im Wirbelwind ausgesetzt ist. Man liebt sich, man neckt sich, man geht auf Reisen, sucht Abenteuer und fängt, so das Geld verpulvert ist, mal wieder von vorne an. Ihre Wohnung braucht nicht allzu groß zu sein – man ist eh nicht lange daheim. Ihre gemeinsamen Kinder werden es schwer haben, denn Mutter und Vater sehen lieber bei einer Party vorbei, als dass sie sich um die Schulaufgaben ihrer Zöglinge kümmern. Schützen sind sehr kameradschaftlich, aber es ist möglich, dass sich dieses Kameradschaftsgefühl in der Ehe abnutzt. Und dann spricht man von Trennung. Meist aber bleibt die Liebe.

Steinbock-Frau hat wenig Zeit

Über Geschäftliches kommt man zusammen ins Gespräch. Viel Zeit für die Liebe bleibt nicht, aber für den Gang aufs Standesamt langt's. Und dann beginnt der Existenzkampf, man pirscht sich gemeinsam Schritt für Schritt nach oben. Man wird reich und relativ glücklich. Die Steinbock-Dame lernt bei dem Schützen sogar die körperliche Liebe schätzen. Und das will allerhand bedeuten. Die Steinbock-Frau kann sich an der Seite des Schützen auch ihrer Lieblingsbeschäftigung hingeben, anderen Menschen aus der Patsche zu helfen; denn der Schütze ist gönnerhaft.

Freies Leben mit der Wassermann-Frau

Sie verstehen sich auf Anhieb, der Schütze-Mann und die Wassermann-Frau. Hier haben sich zwei Seelen gefunden, die von der Natur her aufeinander abgestimmt zu sein scheinen. Sie sind menschenfreundlich und großzügig, reisen gern und werden zusammen manch Abenteuer zu bestehen haben. Bei der Wassermann-Frau fühlt sich der Schütze-Mann zum ersten Mal in seinem Leben verstanden, und sie weiß um seinen Charme und seine Männlichkeit. Sie liebt auch seinen Freiheitsdrang; denn sie möchte selbst gern frei bleiben, auch wenn sie das Ringlein am Finger zu binden scheint. Er fühlt sich bei ihr als Mann bestätigt, aber er weiß nur zu gut, dass bei seiner Wassermann-Frau mit Gewalt nichts, aber auch gar nichts zu erreichen ist.

Viel allein: die Fische-Frau

Der Schütze-Mann pulvert die gefühlvolle Fische-Frau auf, lässt sie an seinem abenteuerlichen Leben teilhaben und merkt nicht, dass sein Fische-Weib gar nicht in seinem Netze zappelt, sondern er in dem ihrigen. Doch mit der Zeit wird das Netz brüchig – der Schütze geht eigene Wege und lässt die Fische-Dame viel allein. Die Vernachlässigte reagiert, indem sie sich mehr und mehr von ihm zurückzieht. Das mag er nicht; er möchte von seiner Frau, auch wenn er viel nebenher beginnt, immer noch anerkannt und geliebt werden. Renkt sich alles wieder ein, kann sich eine glückliche Ehezeit anschließen; denn auch Schützen werden einmal älter ...

Steinbock

(22. Dezember bis 20. Januar)

Am 22. Dezember erreicht die Sonne ihren südlichsten Stand, tritt in das Tierkreiszeichen Steinbock und wendet sich nun wieder nach Norden. Der Winter beherrscht die Natur, aber die Sonne steigt höher und höher am Firmament und kündet schon von ihrer siegbringenden Kraft. Die Menschen, die in dieser Zeit geboren werden, passen sich diesem Aufwärtstrend charakteristisch an; kein anderer ist so durchdrungen von dem Willen, vorwärtszukommen, wie der Steinbock-Mensch. Er gleicht seinem Wappentier, das in der eisigen Bergwelt zu Hause ist – ein gewaltiger Kletterer, der trotz Schnee und Eis immer noch irgendwo sein Futter findet: Der Aufstieg im Leben ist dem Steinbock-Menschen sicher, aber er muss ihn sich mit vielen Entbehrungen und durch gewaltige Kraftanstrengungen sichern. Während andere im Wolkenkuckucksheim schweben, hält er sich nur an Realitäten. Er arbeitet viel und versucht, stets seine Pflicht zu erfüllen. Er träumt nicht von festen Werten, er schafft sie sich über Sparkassenbücher und Bausparbriefe. Er ist ausdauernd in der Verfolgung eines realen Zieles; die Pflicht ist sein Leitbild. Trotz dieser strengen Maßstäbe, die er an das Leben legt, verbirgt sich in seinem Innersten eine empfindsame Natur, die nur zu leicht verletzt werden kann. Sein Planetenbeherrscher ist der Saturn. Steinbock-Menschen sind sehr widerstandsfähig, nur manchmal haben sie Schwächen im Knochensystem aufzuweisen oder sind anfällig für Rheuma und Erkältungskrankheiten. Blei ist das Glücksmetall der Steinbock-Geborenen, ihre Talismane sind der Chrysopras und der Onyx.

Der Steinbock-Mann setzt sich durch

Zweifellos ist der Steinbock-Mann ehrgeiziger als die Männer aus anderen Sternzeichen. Er arbeitet auch mehr als sie. Sein Blick ist nach vorn gerichtet, aber aus der Vergangenheit zieht er seine Lehren. Wie das Wappentier seines Tierkreises ist er vorsichtig, setzt Schritt für Schritt voran und meidet die Klippen, an denen er abstürzen könnte. So klimmt er allmählich höher.

Nur wenige Steinbock-Männer wollen gleich oben anfangen; das sind die unbeliebten, die ihre Ellbogen zu kräftig einsetzen, die Außenseiter, die niemanden sonst zum Freund haben als ihr eigenes kaltes Ich. Nur gut, dass sie unter den Steinböcken in verschwindender Minderzahl sind. Aber auch die anderen sind manchmal rechte Eigenbrötler, die sich nur in einem kleinen Kreis wohl fühlen und sich in großer Gesellschaft verloren vorkommen. Oft zieht es sie ganz in die Einsamkeit, weil sie in jedem Menschen, der sich an sie heranmacht, den Nebenbuhler auf dem Weg nach oben wittern. Ihr Misstrauen gegen jedermann kann mit der Zeit immer mehr wachsen – vor allem, wenn sie vom Leben enttäuscht wurden. Und dass in diesem Fall auch ihr Egoismus wächst, ist eigentlich verständlich.

Bei solcher Charakterlage ist es für viele Steinbock-Männer schwierig, eine Partnerin fürs Leben zu finden. Sie prüfen zu lange, ob die Frau, um die man wirbt, auch den Steinbock wert ist. Bekommt sie das Prädikat, ist sie oft schon anderwärts gebunden. Nur wenige Steinbock-Männer entschließen sich schnell, aber sie werden dann meist glücklicher als ihre Sternenbrüder, die hinter jeder Hübschen eine Falle wittern, die ihnen das Leben stellt.

Dabei hat der Steinbock-Mann durchaus große Chancen: Die Damen mögen den in Sachen Liebe so schüchtern Wirkenden, der schon in jungen Jahren Kapital und Grundbesitz anhäuft, der auf der Jagd nach Titeln und Mitteln allen voranzustreben scheint. Was der Steinbock-Mann sucht, ist im Angebot nicht allzu oft vorhanden: die verständnisvolle

Lebenspartnerin, die seine Sorgen teilt, die ihm zuhören kann, wenn er sich nach der Arbeit Fron mit jemandem aussprechen möchte, und die seine Sachen in Ordnung hält, denn für ihn ist neben der Disziplin Sauberkeit oberstes Gebot.

Trotz dieser wählerischen Ader bleiben Steinbock-Männer selten Junggesellen. Insgeheim sehnen sie sich nach einem Menschen, dem sie ganz vertrauen, dem sie beweisen können, wie weich ihr Herz doch unter der so rauen Decke ist.

Die Frau, die einen Steinbock-Mann zum Standesamt führt, wird von da an sein Besitz. Er wird ihr im Haushalt freie Hand lassen, ihr dabei jedoch ständig auf die Finger schauen: Auch in der besten Ehe erhält er sich ein Quäntchen Misstrauen.

Dafür braucht sich die Ehefrau eines Steinbock-Mannes kaum Gedanken darüber zu machen, ob ihr Gatte treu sei; vor lauter Arbeit und Sturm und Drang nach oben wird er meist mit der einen genug haben, der er seine (manchmal etwas karge) Liebe erweisen kann.

Ein echter Steinbock-Mann hat zu wenig Zeit für Gefühle. Und es ist erstaunlich, dass die Ehe mit solchem Arbeitstier erst nach der silbernen Hochzeit oft in den Honigmond übergeht, von dem junge Bräute schwärmen. Hat er alles erreicht, will er nun auch in der Liebe das Letzte herausholen. Die teure Gattin wird erstaunt diese Wandlung sehen, und kann dann hoffentlich mit dem plötzlich so aufmerksamen Liebhaber noch mithalten.

Sie kannte ihn ja ganz anders. Zwar war er schon immer ein Familienmensch und den Kindern der beste, wenn auch ein wenig knauseriger Vater, aber dass er der Gattin feuriger Geliebter war, konnte man nun wahrhaftig nicht sagen, auch wenn er ihr herzlich zugetan war. In der Liebe findet sich der Steinbock-Mann eben viel später zurecht als im Beruf. Er ist Realist: Zuerst kommen die festen Werte, dann das Vergnügen.

Steinbock-Geborene sind Praktiker, die Theorie ist für sie höchstens Mittel zum Zweck. Deshalb werden sie in allen Berufen, die eine gewisse Fingerfertigkeit voraussetzen, am besten vorankommen. Aber auch im

Kaufmännischen werden sie ihren Mann stehen, zumal sie für Finanzen ein ausgeprägtes Gespür haben.

Steinbock-Männer werden sich nie lange in den unteren Etagen des Arbeitslebens aufhalten, sie drängen mit Macht nach oben. Sie wollen leiten, organisieren, Einfluss ausüben. Dabei erscheinen sie still und in sich gekehrt, nur der Arbeit zugewandt. Ein Steinbock-Mann wird willig die Arbeit eines Kollegen mitübernehmen; man soll sehen, dass er ein Arbeitstier ist. Zu gegebener Zeit wird er, wenn die Chefs nicht von selbst darauf kommen, auf die Faulheit dessen hinweisen, von dem er die Arbeit übernahm. Auch über solchen Umweg versucht er sich manchmal nach oben durchzumogeln, wenn ihm der direkte Weg verbaut scheint.

Er wird für die Firma immer da sein, keine Überstunde ist ihm zu viel. Aber zur rechten Zeit will er dafür kassieren, über die anderen gestellt werden, die weniger willig sind, ein Übersoll an Pflicht zu erfüllen.

Als Chefs sind sie nicht unbedingt die beliebtesten: Sie arbeiten im gleichen Stil weiter, den sie schon als Untergebener pflegten. Natürlich erwarten sie viel von ihren Mitarbeitern. Manchmal zu viel. Aber sie honorieren Leistungen höher als mancher andere Chef. Bei ihnen muss alles wie am Schnürchen laufen. Wehe dem, der zu trödeln beginnt! Der Steinbock-Mann hält viel von Disziplin (das kommt vom Saturn, seinem Planetenbeherrscher).

Die Steinbock-Frau visiert den Erfolg an

Die Steinbock-Frau kann nichts aus der Ruhe bringen. Sie geht den Weg, den sie einmal eingeschlagen hat, beharrlich weiter. Sie schaut nicht nach rechts und nicht nach links, wenn sie ein Ziel anvisiert hat. Das hat sie mit ihrem männlichen Steinbock-Kollegen gemeinsam: Sie drängt in die oberen Etagen des Lebens.

Obwohl sie zurückhaltend ist und ihre Gefühle nur schwer zeigen kann, braucht sie viel Liebe. Männer, die um sie warben, wissen, wie weiblich die Steinbock-Frau ist, mit wie viel Charme sie einen Mann in den Bann ziehen kann. Wenn sie glaubt, den Richtigen gefunden zu haben, wird sie, die sonst so Zurückhaltende, auch nicht vor einem handfesten Flirt zurückschrecken, um über solchen Umweg zu beweisen, welch fröhliches Gemüt sie hat. Aber die drei Wörtchen „Ich liebe dich" werden ihr noch schwerer über die Lippen kommen als der für ihre Zurückhaltung bekannten Krebs-Frau.

Sie sehnt sich nach Liebe, aber sie verlangt von dem Mann ihres Herzens mehr; vor allem Sicherheit und ein wenig Wohlstand. Sie wird so leicht niemanden heiraten, der seine Lebenstüchtigkeit nicht schon bewiesen hat. Sie möchte stolz auf ihren Mann sein können.

Viele Steinbock-Frauen üben auch noch in der Ehe ihren Beruf weiter aus. Von daher stammt die irreführende Ansicht, sie stelle den Beruf über die Ehe und das Familienleben. In Wirklichkeit sind Steinbock-Frauen nur darauf bedacht, zum Wohlstand der Familie beizutragen, damit der Wunsch nach Haus und Grundbesitz schneller erfüllt werden kann. Natürlich wollen Steinbock-Damen, die es im Beruf zu etwas brachten, auch nicht gern das Erreichte aufgeben. Sie möchten glänzen; ihr Ehrgeiz ist nicht geringer als der ihrer männlichen Kollegen aus demselben Sternzeichen. Das bringt manchmal Konflikte in die Ehe, wenn nämlich der Mann auf seinen Ausschließlichkeitsanspruch pocht.

Der Gatte einer Steinbock-Frau sollte die beruflichen Ambitionen seiner besseren Hälfte nicht einengen, er müsste nur schleunigst dafür sorgen, dass er sie in der eigenen beruflichen Laufbahn schnell überflügelt. Das schindet Eindruck bei ihr; denn im Grunde genommen würde sie liebend gern gleich den Beruf wechseln und an der Seite ihres Herzensmannes nur noch Hausfrau sein.

Man muss es den Steinbock-Frauen lassen: Sie können das Haus in Ordnung halten. An der Wohnungstür werden die Pantoffeln für Mann und Kinder ständig bereitstehen, damit nur ja die Teppiche geschont bleiben. Die Wohnung wird immer aufgeräumt sein, Unordnung ist der Steinböckin ein Gräuel.

Die Steinbock-Frau ist nicht die schnellste Arbeiterin, aber was sie beginnt, das macht sie gründlich. Hinter ihrer Bedächtigkeit ist System: Wer so arbeitet, wird wenig falsch machen. Und damit lernen wir die andere Form des Ehrgeizes kennen, die von ihr gepflegt wird.

Die Steinbock-Frau nimmt nichts leicht, das macht der schwerfällige Saturn in ihrem Horoskop. Sie will ernst genommen werden. Spötter, die auf zarten Seelen mit Nagelschuhen herumzutreten pflegen, haben bei ihr schnell ausgespielt. Sie wünscht die seelische Übereinstimmung mit dem Mann ihres Herzens, den sie für sich allein besitzen möchte: Eifersucht erblüht bei ihr aus verletztem Stolz.

Die Liebe erscheint bei einer Steinbock-Frau manchmal unterkühlt. Aber das täuscht; sie hat nur zu wenig Zeit für Gefühle, da sie sich zunächst einmal um den Haushalt kümmern will, um das Wohlergehen von Mann und Kindern, und das nimmt sie ganz in Anspruch. Sie wird viel rechnen, um mit dem Haushaltsgeld nicht nur auszukommen, sondern davon noch etwas beiseite legen zu können.

Am besten überlässt der Gatte seiner tüchtigen Hausfrau die gesamte Kassenführung – die Familie käme bei dieser sparsamen Dame bald zu gesichertem Besitz. Wer sie wirtschaften lässt, dem kommt sie billig: Die Steinbock-Frau wird sich manch teures Kleid verkneifen und sich lieber selbst an die Nähmaschine setzen und für sich und die Kinder nähen, was die Mode vorschreibt.

Sie versteht nicht allzu viel Spaß, wenn man sich über sie lustig macht. Sie hat aber viel zu viel Herzensbildung, um Gleiches mit Gleichem zu vergelten. Ihre Manieren sind erste Klasse. Selbst Steinbock-Frauen aus den unteren Schichten des Volkes können sich in den besten Gesellschaften gekonnt damenhaft bewegen.

Die nach außen so kühle Steinbock-Frau kann durchaus leidenschaftlich sein, wenn sie den richtigen Mann gefunden hat. Aber ihr Freund und Geliebter sollte das Leidenschaftliche als Naturereignis hinnehmen und nicht darüber sprechen, sonst könnte das Steinböckchen in Zukunft nie mehr so reagieren.

Im Beruf findet sich die Steinbock-Frau sehr gut zurecht. Sie wird von ihren Chefs als vorbildliche Mitarbeiterin geschildert, der nichts zu viel ist. Man müsste sie belohnen mit einer Gehaltsaufbesserung (sie liebt ja das Geld!) oder einem höheren Rang (sie strebt ja nach oben!). Ihr Pflichtgefühl und ihr Leistungswille sind durch nichts zu überbieten. Eine Steinbock-Frau wird in jedem Betrieb ihren Weg machen, braucht allerdings hier und da Verschnaufpausen, die man ihr auch zubilligen sollte: Wer so schuftet wie sie, braucht schöpferische Pausen.

Für die Steinbock-Chefin gilt dasselbe wie für den Steinbock-Chef: Sie wird von ihren Mitarbeitern als Vorbild anerkannt. Sie sieht auf Leistung, aber sie wird diese Leistung allen vorleben. Die Steinbock-Frau ist sehr selbstständig, sie braucht, um voranzukommen, keine Stützen. Aber es ist möglich, dass sie manchmal unter ihrer eigenen Tüchtigkeit leidet, die sie zum Sklaven ihrer selbst machen kann.

Wie erzieht man Steinbock-Kinder?

Ein Steinbock-Kind hat einen harten Willen. Nachgeben ist seine schwächste Seite. Aber es ist leicht an eine Ordnung zu gewöhnen, von der von nun an nur ja nicht mehr abgewichen werden sollte, sonst hängt schon dem Kleinen das Weltbild schief.

Von Gleichaltrigen sondert sich der kleine Steinbock oft ab; er spielt lieber daheim allein oder geht mit den Eltern spazieren. Da er sich mehr den Erwachsenen zuwendet, gilt er manchmal als altklug.

Der Steinbock-Sprössling räumt willig sein Kinderzimmer auf. Aber er spielt erst, wenn er die Schularbeiten gemacht hat: Das Pflichtgefühl ist beim Steinbock schon in der Jugend sehr ausgeprägt. Das schätzen auch die Lehrer von Steinbock-Kindern, obwohl sie Kritik üben könnten an der bedächtigen Art, mit der sie den Lehrstoff aufnehmen. Steinbock-Kinder gleichen das langsame Verstehen durch intensiven Fleiß aus. So bringen sie es am Ende doch zu guten Schulleistungen.

Die Partnerinnen des Steinbock-Mannes

Die Widder-Frau bleibt optimistisch

Mit der Widder-Frau kommt Leben in des Steinbocks Junggesellenbude. Aber er sieht das nicht allzu gern; schließlich möchte er bei der Zimmervermieterin als der seriöse Typ gelten, der er ja auch ist. Die Widderin schert sich wenig um des Steinbocks guten Ruf und erreicht darüber ihr Ziel, in eine gemeinsame Wohnung einzuziehen. Nach einigem Zögern führt sie der Steinbock sogar aufs Standesamt, und dann beginnt er mit dem Umerziehen. Der Widder-Frau behagt das nicht, aber da sie nie ihren Optimismus verliert, macht sie gute Miene zum bösen Spiel. Ganz kirre wird sie nie, und treibt es der Steinbock zu arg, sucht sie das Weite.

Glück mit der Stier-Frau

Hier werden die Geldscheine gebündelt, die Aktien gezählt und das Grundstück zum Hausbau weit vor der Zeit gekauft: Steinbock-Mann und Stier-Frau haben dieselbe Veranlagung, aus nichts Besitz zu machen. Sie sind ein geachtetes Ehepaar und überall gern gesehen. Die Stier-Frau liebt ein gepflegtes Heim, in dem sich ihr Steinbock wohl fühlen kann. Auch in der Liebe klappt alles zwischen den beiden: Die Stier-Frau braucht ein geregeltes Liebesleben, das ihr der sonst recht kühle Steinbock-Mann zu geben vermag, wenn er auch mehr als Pflicht nimmt, was sie für Loslösung vom ehelichen Alltag hält.

Extravagante Zwillinge-Frau

Eigentlich dürften sie gar nicht zusammenkommen, denn zu verschieden sind die Anschauungen des Steinbock-Mannes und der Zwillinge-Frau. Trotzdem wäre eine solche Verbindung für beide von Nutzen: Die unruhige Zwillinge-Dame fände einen Halt, der mehr dem Arbeitsleben zugetane Steinbock eine reizende Abwechslung im täglichen Einerlei. Ob das freilich reicht? Schließlich will der Steinbock-Mann sein Weib ganz für sich allein. Manche Extravaganz wird er der Zwillinge-Dame abschminken – sie muss Federn lassen, ob sie will oder nicht. Zunächst nimmt sie alles mit Humor, dann aber könnte sich Langeweile ausbreiten, der Tod mancher Ehe.

Der Unterschied zur Krebs-Frau

Im Zieldenken liegen Steinbock-Mann und Krebs-Frau auf der gleichen Ebene; sie wollen im Leben zu etwas kommen, finanzielle Sicherheit und auch Hausbesitz erringen. Die Konfliktstoffe liegen im Gefühlsbereich, im Seelischen; schon mancher Steinbock wurde von seiner Krebs-Frau aus eigenem Verschulden wegen seelischer Grausamkeit geschieden. So ganz schuldlos wird die Krebs-Dame dabei nicht gewesen sein, denn ihre Überempfindlichkeit ist bekannt. Der Steinbock-Mann sollte seiner Krebs-Frau mit mehr Gefühl entgegenkommen, sie wird's ihm als treu sorgende Ehefrau und Mutter der gemeinsamen Kinder danken.

Bewunderung für die Löwe-Frau

Was der Steinbock-Mann an der Löwe-Frau schätzt, ist die Zielstrebigkeit, mit der sie seine Kasse verwaltet. Sie ist die Einzige unter dem Sternenhimmel, die das Aktienpaket in sein Schließfach tun darf, sie wird ihn bei seinen Transaktionen nach Kräften unterstützen. Die Liebe kommt da erst in zweiter Linie. Zunächst muss das Haus stehen, danach Häuser für die Kinder und schließlich ein Altersruheplätzchen, das dann noch nicht bezogen wird, weil beide, Löwin wie Steinbock, übers Rentenalter hinaus im Beruf oder im eigenen Geschäft ausharren werden, um noch und noch etwas auf die hohe Kante legen zu können. Er bewundert seine Löwin, und das mag sie.

Die vernünftige Jungfrau

Vernunft herrscht in der Steinbock-Jungfrau-Ehe vor. Es ist nicht das Himmelhochjauchzende erster Liebe, das den Steinbock-Mann und die Jungfrau-Geborene zusammenführte. Dafür hält diese Ehe meist ein Leben lang an. Mit Liebe allein lässt sich schließlich nicht leben, ein bisschen

Sicherheit gehört schon dazu. Diese Sicherheit vermag der Steinbock seiner Jungfrau zu geben. Und sie dankt es ihm damit, dass sie einen Teil des Wirtschaftsgeldes aufs Sparkonto trägt. Da sie sich überdies unterzuordnen und auf ihren Steinbock-Mann zu warten versteht, wenn er gerade einen Geschäftsfreund ausführt, müsste die Ehe zwar ohne Höhepunkte aber harmonisch verlaufen. Und die Kinder werden es bei solchen Eltern gut haben, wenn auch das Taschengeld sparsam ausfallen wird.

Schicke Waage-Frau

Oft findet der Steinbock-Mann seine Waage-Frau über ein Eheanbahnungsinstitut: Er hatte vor lauter Arbeit zu wenig Zeit, sich die Rechte zu suchen, und ihr fiel vor lauter Verehrern die Wahl schwer. Allen Unkenrufen zum Trotz kann diese Ehe Bestand haben. Meist kommt der Steinbock schon früh zu Wohlstand, den er sich freilich hart erarbeiten muss, und der Waage-Frau bleibt an seiner Seite Zeit genug, sich in Boutiquen und Kaufhäusern umzusehen und standesgemäß einzukleiden. Schick geht für die Waage die Welt zugrunde. Wenn der Steinbock-Mann auch manchmal den Daumen aufs Portemonnaie hält, für sein Waage-Mädchen ist ihm nichts zu teuer. Nur in der Liebe kommt für die Waage-Frau die Romantik zu kurz.

Freilos mit der Skorpion-Frau

Mit der Skorpion-Frau hat der Steinbock-Mann in jedem Fall ein Freilos in der Lebenslotterie gezogen. Sie ist häuslich, aber auch gleichermaßen ehrgeizig wie er. Wie er möchte sie es zu etwas bringen. Und da der Steinbock arbeitsam und auch genügend hartnäckig ist, sich zur Not mit beiden Ellenbogen durchzusetzen, werden die beiden es schnell schaffen. Wenn nur nicht der ewige eheliche Kleinkrieg um das Sagen im Hause wäre! Steinbock wie Skorpionin liefern sich dann gewaltige Redeschlachten; einmal siegt der eine, kurz darauf der andere, aber meistens enden sie unentschieden. Nur der häuslichen Atmosphäre dienen diese verbalen Auseinandersetzungen nicht.

Umerziehung der Schütze-Frau

Von Hausarbeit hält die Schütze-Frau nicht allzu viel, lieber möchte sie auf Partys glänzen. Der Steinbock-Mann sieht das nicht gern. Erstens kostet eine Hausgehilfin Geld, und zweitens kommen Partys auch teuer. Trotzdem fällt mancher Steinbock auf eine fröhliche Schütze-Frau herein, und dann versucht er das Beste aus dieser Bindung zu machen, sie umzuerziehen, ihre Reiselust zu dämpfen, ihren Hang zum süßen Leben zu bremsen. Doch manchem Steinbock schon lief eine Schützin kurz vor der Diplomarbeit zur perfekten Hausfrau davon. Geduld wäre auf beiden Seiten das Mittel, um zu einem besseren Ergebnis (und damit zu einer langjährig glücklichen Beziehung) zu kommen.

Der Steinböcke Lebenskampf

In einer Steinbock-Ehe wird ein Leben lang geschuftet, um die Altersversorgung sicherzustellen. Aber sie ist oft gekennzeichnet von immerwährenden Neuanfängen. Trotzdem wird die Steinböcke ihre sprichwörtliche Sparsamkeit schließlich dem gemeinsamen Ziel näher bringen. Manchmal geht im Lebenskampf freilich das Gefühl verloren, ohne dass es der eine oder der andere so recht merkt. Nur die Kinder bekommen viel Liebe zu spüren: Sie sollen im Besitz ihrer Steinbock-Eltern bleiben, solange sie leben – wehe dem Freier, der das infrage stellt! Liebe – mag mancher sich denken – ist diese Art der Leibeigenschaft kaum.

Die Wassermann-Frau und das Geld

Der Steinbock-Mann zögert oft lange, ehe er sein Wassermann-Liebchen an den Traualtar führt. Zu ungleich scheinen beide Charakter-Eigenschaften zu sein. Und dann führen sie plötzlich doch eine ganz glückliche Ehe. Der Steinbock-Mann hält auch in dieser Ehe an die Prinzipien der Sparsamkeit fest, gibt seiner Frau ein nicht zu knapp bemessenes Haushaltsgeld, mit dem die Wassermännin aber zehn Tage vor Ultimo am Ende ist, weil sie einfach nicht die rechte Beziehung zum Geld findet. Für sie ist es nur Mittel zum Zweck, hier und da damit auch andere zu beglücken. Zwar schätzt der Steinbock diesen karitativen Zug an seiner Wassermann-Frau, aber wenn er an seine Finanzen denkt, wird ihm schwarz vor den Augen. Sagen tut er ihr nichts; denn obwohl er zu den scharfen Kritikern zählt, will er einer Wassermann-Dame nie wehtun.

Harmonie mit der Fische-Frau

Beim Steinbock-Mann fühlt sich die Fische-Frau geborgen. Sie weiß, dass ihr Mann das Nötige zum Lebensunterhalt herbeischafft und auch noch einiges spart, um der Familie Sicherheit zu geben. Obwohl der Steinbock manchmal im täglichen Arbeitskampf letzte Kräfte mobilisieren muss, versucht er, abends zu Hause nichts davon verspüren zu lassen. So herrscht Harmonie im Steinbock-Fische-Haus, auch wenn der Steinbock für die romantischen Anwandlungen seiner gefühlvollen Fische-Frau sonst nur wenig übrig hat: Er ist halt ein Tatsachenmensch – die Märchen- und Sagenwelt seiner Frau bleibt ihm für immer verschlossen.

Wassermann

(21. Januar bis 19. Februar)

Wenn die Sonne im Tierkreiszeichen Wassermann steht, ist zwar noch Winter, aber unter dem Schnee wachsen neue Kräfte, die auf ihre Auferstehung warten. Diese Naturstimmung überträgt sich auch ein wenig auf den Charakter der Menschen, die in dieser Zeit das Licht der Welt erblicken. Wassermann-Geborene glauben an die Kraft der Natur, von der sie einen Teil in sich aufnehmen. Sie haben seltsame Vorahnungen von kommenden Geschehnissen und eine lebhafte Fantasie. Sie versuchen, hinter die letzten Dinge zu kommen. Für sie ist der Fortschritt das Erstrebenswerteste, eine materialistische Denkweise ist verpönt. Sie wollen den Frieden um der Humanität willen.

Auch Misserfolge können sie nicht von ihren wechselnden Idealen abbringen. Wassermann-Menschen sind großzügig und hilfsbereit. Sie versuchen, tolerant zu sein, erwarten aber von ihren Mitmenschen ebenfalls Toleranz. Mit einer durch nichts zu hemmenden Energie überwinden sie jedwede Krankheit, sodass sie meist ein hohes Alter erreichen. Nur der Kreislauf und der Stoffwechsel machen ihnen manchmal zu schaffen. Ihr Geburtsherrscher ist der Uranus, aber auch der Saturn nimmt auf ihr Wesen Einfluss. Ihre Glückssteine sind der blaue Saphir und der Amethyst, die sie am besten in edles Platin fassen lassen.

Der Wassermann-Geborene und sein Freiheitsdrang

Es gibt keinen freundlicheren Menschen unter der Sonne als den Wassermann-Geborenen. Trotzdem versucht er immer wieder, seine Mitmenschen herauszufordern und durch sein sprunghaftes Verhalten zu schockieren. Unterordnen liegt ihm nicht, er will frei sein, koste es, was es wolle. Das geht recht häufig natürlich zulasten einer harmonischen Partnerbeziehung.

Der Mann aus dem Luftzeichen Wassermann ist intelligent, aber er gebraucht sein Wissen oft, um seine oppositionellen Anschauungen glaubhaft zu begründen. Er steht vielfach in Antistellung, ein geborener Revolutionär, der für seine Lebensideale auch mit kämpferischen Mitteln einzutreten bereit ist.

Freilich zeigt sich das Revoluzzertum bei manchen Wassermännern nur in nimmermüdem Debattieren um des Kaisers Bart und in einer Oppositionsstellung um jeden Preis. Solche Typen sind gottlob in der Minderzahl.

Wassermann-Geborene grübeln viel. Sie horchen oft gedankenverloren in sich hinein, wenn sie einem Geheimnis auf der Spur zu sein glauben. Geheimnisse zu enträtseln, ist ihre Lebensaufgabe.

Da ist zunächst das Geheimnis Mensch: Niemand beschäftigt sich intensiver mit seinen Mitmenschen als der Wassermann. Auch die Frauen sucht er zu ergründen, was ihm manchmal den Ruf eines Playboys einbringt.

Dabei ist er nur ein Menschenfreund, also auch ein Freund der Frauen. Er meint, jedes Mädchen sei zu haben, man müsse nur wollen. Das hat nichts mit Frauenverachtung zu tun; er steht nur auf diesem Gebiet in Opposition zur landläufigen Ansicht. Dass es ihm manche Frauen dabei leicht machen, steht auf einem anderen Blatt. So sammelt er Erfahrungen wie ein anderer Briefmarken. Seine Gefühle wird er im Allgemeinen nicht zeigen, aber er wird die Gefühle anderer, also auch die der Frauen, erforschen. Sie sind für ihn Versuchsobjekte, bis er eine findet, die den Versuch an ihm selbst vornimmt. Und dann ist er geliefert, zum Traualtar abgeschleppt, bevor er sich aus dem Unvermeidlichen herauswinden kann.

Nicht immer ist er das Fangobjekt einer Heiratswütigen. Meist fängt er selber, aber er wägt lange, bevor er sich zu der Erkenntnis durchringt, die muss es sein. Schließlich gehört zu seinen Idealen auch eine glückhafte Ehe, die man nicht mit jeder x-Beliebigen eingehen sollte. Sie müsste schon den neuesten Forschungserkenntnissen des Wassermannes entsprechen.

Die Frau an seiner Seite soll ihm in allen Belangen ebenbürtig sein, kein Seelchen, das vor lauter Naivität nicht bis drei zählen kann. Er will die Debatte in die Ehe retten und den Gesprächsstoff nicht ausgehen lassen. Er ist moralisch, aber seine Moral stimmt nicht unbedingt mit der landläufig bürgerlichen überein. Er baut sich die Idealvorstellung selber und handelt danach, auch wenn er von seinen Mitmenschen nicht verstanden wird. Aber allzu oft wechselt er seine Meinung, und dann wechseln auch seine Ideale. Manche Frau, die ihn liebte, verlor ihn auf diese Weise. Am besten, die Frau an seiner Seite bliebe auch in der Ehe die Kameradin, die mit ihm durch dick und dünn zu gehen bereit ist. Dann spürt er am wenigsten der Ehe Joch, das den alten Revolutionär zum Widerspruch reizt.

Er mag keine Frau, die zu wenig Zeit für ihn hat, weshalb Frauen von Wassermännern am besten ihrem Beruf höchstens nur halbtags nachgehen sollten. Sie müssen für ihn und die Kinder da sein, wenn's nötig ist. Letzteren ist er übrigens der beste Kamerad, der ihren Kummer teilt, ihnen aber auch mal die schwierigen Schularbeiten macht, wenn sie dem Kind gar zu schwer fallen. Gescheite Kinder können ihren Wassermann-Vater bis aufs Blut ausnutzen, er wird sie stets als das Beste loben, was er je zustande brachte (dass die Mutter am Zustandebringen den Hauptanteil hatte, erwähnt er nicht).

Kollegen schätzen den Wassermann-Geborenen als treuen Freund. Er drängt sich nicht vor wie andere. Wenn er nach oben kommt, dann hat er das seiner Sachlichkeit und seinem fundierten Wissen zu verdanken.

Sein Forscherdrang bringt manche Firma zu neuen Produkten, aber es ist möglich, dass er sich tagelang nicht im Betrieb sehen lässt, weil er wieder einmal einem Phantom nachjagt oder eine imaginäre Krankheit auszukurieren hat.

Wegen seines Wesens, mit jedermann gut Freund zu sein, wird er oft nicht für voll genommen. Das verletzt seine Eitelkeit. Aber schon ein anerkennender Blick wird ihn wieder aufmuntern und zu neuen Taten schreiten lassen. Wenn er einmal eine Arbeit angefangen hat, wird er nicht ruhen, bis er sie zum guten Ende gebracht hat. Eigentlich ist er in jedem Beruf brauchbar, am meisten jedoch in einem, der seinem Forscherdrang Genüge tut. Er lebt in der Zukunft, aus der er manches Ergebnis abzulesen versucht, was er in der Gegenwart nutzbringend verwenden kann. In einem Einmannbetrieb ist er der beste Chef. Ganz auf sich allein gestellt, kann er die besten Entscheidungen treffen. Und da er das weiß, drückt er sich oft vor dem großen Posten, der ihm angeboten wird, oder verläßt ihn schon bald, wenn ihm das Kommandieren zu viel wird.

Dabei könnte er von seinem wachen Verstand und von seinem Einfallsreichtum her der beste Chef sein, den es auf der Welt gibt. Seine Menschenkenntnis könnte für ein gutes Betriebsklima sorgen. Es sind die wechselnden Ideale des Wassermannes, die Unruhe stiften und Veränderungen schaffen, mit denen der Mitarbeiter erst konfrontiert wird, wenn sie längst Realität sind. Der Laden wird zwar unter seiner Leitung aufblühen, aber es fragt sich, ob der Wassermann ihm allzu lange treu bleibt; die Veränderung ist nun einmal sein Leben, das zeigt sich auch hier wieder einmal.

Die Wassermann-Frau liebt den Wechsel

Kennen Sie die Dame, die alle paar Monate die Möbel in der ganzen Wohnung umstellt? Sie wurde im Zeichen Wassermann geboren und liebt den Wechsel. Im übertragenen Sinn tut sie damit ihrer erstaunten

Umwelt kund, dass ihr an ihrem augenblicklichen Leben irgendetwas nicht gefällt. Da sie aber nicht alle paar Monate einen Ortswechsel vornehmen kann, nimmt sie die Veränderung der eigenen Wohnung vor. Die Wassermann-Frau reagiert mit solchem Tun auch ihr etwas sprunghaftes Wesen ab, mit dem sie ihren Mitmenschen auf den Wecker fallen könnte. Sie möchte das liebenswerte Geschöpf bleiben, das bisher jedermann in ihr sah und das ihr einen so großen Freundeskreis eintrug.

Wie ihr männlicher Sternenkollege steht auch die Wassermann-Frau ständig in Opposition. Für sie reinigt ein zünftiger Krach die Atmosphäre. Mit fadenscheinigen Gründen kann sie ihn vom Zaune brechen: Ein Wort gibt da das andere, des Stichelns ist kein Ende, bis es endlich nach Feuer riecht, in dessen Glut sie noch ein bisschen Benzin schüttet, um gleichzeitig mit dem Wassereimer zu löschen. Was zurückbleibt, sind verstörte Menschen und eine Wassermann-Frau, die sich schmollend zurückzieht, weil sie sich plötzlich unverstanden fühlt.

Ganz so schlimm ist es mit der Wassermann-Frau nicht. Sie sollten nur einen Blick in die Nachtseele eines Geschöpfes tun, das impulsiv manchmal einen Schritt zu weit geht, den es hinterher immer bereut.

Nicht nur das macht sie sympathisch; die Wassermann-Frau ist eine der Hilfsbereitesten unter dem Sternenzelt. Sie versucht, wo sie nur kann, Not zu lindern, und wenn sie ihren letzten Groschen hergeben muss.

Sie hat viel Herz zu verschenken, aber mit ihren innigsten Gefühlen hält sie oft hinter dem Berge. Wer sie liebt, wird die beiden Seiten dieses Uranuskindes kennen lernen: ihre sinnliche Hingabe, aber auch ihre fast an Gefühlskälte grenzende Ablehnung.

Die Reaktionen einer Wassermann-Frau sind völlig unberechenbar. Das macht sie so interessant. Männer, welche die Abwechslung lieben, bekommen hier von ein und derselben Person eine Menge geboten. Freilich müssten sie starke Nerven haben, um die ganze Bandbreite dieser Dame ertragen zu können. Sie ist für jeden Unfug bereit, aber mitten im Geschehen überlegt sie es sich wieder anders und spielt die ernste, würdige Dame.

Schönster Zug an ihr: Sie kann über sich selbst lachen. Es sollte nur niemand versuchen, sich nun seinerseits über sie lustig zu machen. Dann reagiert sie überempfindlich.

Man sagt ihr nach, dass Rechthaberei ihre Stärke sei, und bedenkt dabei nicht, dass sie sehr häufig Recht hat, nur dieses Rechthaben oft theatralisch auswalzt. Sie ist immer gerecht, Ungerechtigkeit ist für sie eine Sünde. Ihre Moral heißt, vor sich selbst bestehen zu können. Die Meinung der Leute schert sie wenig.

Der Mann, den sie sich zum Herzensfreund erkor, lernt die Wassermännin als lustiges, liebenswertes Wesen kennen, das nicht unbedingt geheiratet sein will. Auch wenn sie den Einzigen gefunden zu haben glaubt, der ihre Liebe verdient, sucht sie weiter nach einem, der vielleicht noch besser sein könnte. Gewesene bucht sie auf Erfahrung ab, Augenblickliche sind immer ihre große Liebe.

Wer sie zum Traualtar führte, wird einen weiteren Wesenszug an ihr feststellen: Sie ist treu. Und doch sucht sie auch in der Ehe weiter nach dem Idealbild von einem Mann, das sie schon im eigenen Gatten gefunden zu haben glaubte, bis sie in der Ehe seine Schwächen kennen lernte. Sie kann ihn ihre Abneigung spüren lassen, aber im nächsten Moment schon ist sie sich nicht mehr schlüssig: Ist er nicht doch der Richtige? Wassermann-Frauen können die sanftmütigsten und freundlichsten Wesen auf der Welt sein. Nur muss man dafür sorgen, dass keine Langeweile bei ihnen aufkommt, sonst können sie von einem Moment auf den anderen reizbar und unverträglich reagieren. Sie müssen, wie ein Elektromotor, stets mit der gleichen Spannung geladen sein, um gleichmäßig zu arbeiten. Ein Funke schon kann zum Kurzschluss führen.

Sie ist eine gute Mutter, aber auch ihre Kinder haben manchmal unter ihren wechselnden Stimmungen zu leiden, obwohl sie bestrebt ist, alles Böse von ihnen fern zu halten.

Die Wassermann-Frau hat einen stark entwickelten Schönheitssinn und eine lebhafte Fantasie. Ihre skurrilen Einfälle sind Legion. Deshalb ist sie in künstlerischen Berufen sehr gefragt. Auch in anderen Tätigkeiten wird sie sich zurechtfinden, wenn sie nur ein wenig Bewegungsfreiheit behält; kommandieren lässt sie sich nicht.

Sie wird nie gern an einem Platz sitzen wollen, sondern möchte in einem Betrieb herumkommen, von einer Abteilung in die andere versetzt werden. So wird ihr Wissen erweitert, und das nützt auch der Firma. Sie wird manchmal fünf gerade sein lassen, um mit dem Abteilungsleiter zu flirten, dem sie dann, wenn er sich fast am Ziel seiner geheimen Wünsche sah, Salz in den Kaffee schüttet.

Als Chefin ist die Wassermann-Frau nicht sehr streng; es gelingt ihr, Mitarbeiter mit Freundlichkeit zu überzeugen, was andere mit hartem Befehlston vergeblich versuchen. Sie wird Verständnis haben, wenn jemand mal nicht ganz auf der Höhe ist, und kaum schimpfen, wenn sie von einem privaten Fehltritt hört. Sie wird sogar den Betreffenden aufzurichten versuchen. Für die sozial Schwächeren wird sie immer mehr übrig haben als für die Protzen.

Wer ihr Gutes tat, den wird sie nie vergessen. Wer sie enttäuschte, kann auf ihre Verzeihung hoffen, aber sie wird ihm Jahre später noch einmal vorhalten, wie schlecht er damals an ihr gehandelt habe. Die Wassermann-Frau liebt eben den Überraschungseffekt.

Wie erzieht man Wassermann-Kinder?

Erstaunliche Feststellung aller Eltern, die ein Wassermann-Kind großziehen (von „besitzen" kann hier keine Rede sein): Dieses Kind hat einen solchen Drang nach Unabhängigkeit, dass es auf die ernst gemeinten Ratschläge der Eltern kaum eingeht. Es will alles aus sich heraus leisten. Und meistens schafft es das auch. In der Schule hat es gute Noten, wenn nicht ein hindernder Aszendent bei seiner Geburt Pate stand. Es ist in der Klasse beliebt, weil es für sein Leben gern Streiche spielt. Auch Nachbars Obstbäume sind ihm nicht zu hoch – selbst Wassermann-Mädchen tummeln sich darauf und pflücken die schönsten der verbotenen Früchte.

Wassermann-Kinder gelten als dickköpfig, weil sie auf Befehle mit Sturheit reagieren. Gute Argumente erst werden sie überzeugen. Schließlich sind sie hellwach. Man sollte sie viel auf den Sport- und Spielplätzen herumtummeln lassen, damit sie ihre überschüssige Kraft abreagieren können. In einem harmonischen Elternhaus können die kleinen, quicklebendigen Widerspruchsgeister am ehesten gezähmt werden.

Die Partnerinnen des Wassermann-Geborenen

Ideenreiche Widder-Frau

In einer Ehe zwischen Wassermann und Widder-Frau gehen die Ideen nie aus. Doch während die Widder-Dame bald die Lust zu verlieren scheint, setzt der Wassermann ihre und die eigenen Pläne in die Tat um. Manchmal geraten die beiden aneinander, dann nämlich, wenn die Widder-Frau sich als Chef im Hause aufspielen möchte; der Wassermann ist antiautoritär eingestellt. Sieht er jedoch, dass seine Frau im Recht ist, kann er sich sogar ihren Wünschen unterordnen.

Bei der Stier-Frau in Fesseln

An der Seite der Stier-Frau kann der Wassermann-Geborene seine sprühenden Ideen in klingende Münzen verwandelt sehen. Aber soll diese Ehe halten, muss er der nachgebende Teil sein. Sein nonchalantes Wesen fordert die Stier-Frau geradezu zum Widerspruch heraus. Und das kann zu jenen Wolkenbrüchen führen, die das Feuer der Liebe schnell verlöschen lassen. Der Wassermann möchte hier und da einmal ausbrechen aus dem Privatleben, das sieht keine Stier-Frau gern: Wen sie besitzt, den will sie an sich fesseln. Der Wassermann mag aber keine Fesseln, für ihn ist die Familie ein schönes Beiwerk zum eigenen Leben. Die Stier-Frau aber braucht die Familie als ein Instrument, das stets auf Gleichklang eingestimmt sein muss. Auch in der Liebe wird es manchmal blitzen.

Wenn die Zwillinge-Frau lacht

Was den Wassermann zu der Zwillinge-Frau hinzog, war ihr Esprit, ihre lustige Art, auch noch über Dinge zu lachen, die eigentlich so gar nicht lächerlich sind. Sie mochte seine zielbewusste Art, die in ihrer Direktheit manchmal schockieren kann. Beide hatten gleich geistigen Kontakt, der das ganze Eheleben über anhält. Auch für die Zwillinge-Frau ist das Sexuelle nur etwas Zweitrangiges, und in dieser Meinung wird sie von dem Wassermann bestärkt. Dieser Gleichklang der Gefühle wird auch günstig auf die anderen Lebensbereiche ausstrahlen.

Getrennte Schlafzimmer mit der Krebs-Frau

Die Krebs-Frau lebt von Gefühlen, der Wassermann-Geborene weiß auf Menschen einzugehen. Leider wird er manchmal ungeduldig, und das könnte für die immer noch einmal alles überdenkende Krebsin der Stein des Anstoßes sein. Sie möchte zu Hause glücklich sein, er will sich mit anderen Leuten treffen. Die Krebs-Frau versteht, das Geld zusammenzuhalten, das der Wassermann unters Volk streuen möchte, nur um sich selbst zu beweisen, wie großzügig er doch im Grunde ist. Beide sind fantasiebegabt, beide möchten sich aber auch von Zeit zu Zeit in die Einsamkeit zurückziehen: Getrennte Schlafzimmer wären hier zu empfehlen.

Mit der Löwe-Frau in Opposition

Eine Liebe auf den ersten Blick war es wohl nie, wenn sich Wassermann und Löwe-Frau zum Ehebund zusammenschließen. Eher fand man sich über allerlei Streitereien um des Kaisers Bart. Denn im Tierkreis stehen Löwe und Wassermann in Opposition. Das braucht nun nicht zu heißen, dass sich die beiden tagtäglich anfauchen: Der Wassermann wird als der Klügere nachgeben und seiner Löwe-Frau die königliche Verehrung zuteil werden lassen, nach der sie lechzt. „Im Haus", sollte er denken, „kann sie regieren, was ich draußen tue, ist meine Sache". Und so staffiert sie ihre Wohnung mit allerlei Luxus aus, er wird sie wegen ihres Geschmacks loben, obwohl der gar nicht immer sein eigener ist.

135

Die Jungfrau ruft ihn zur Ordnung

Wassermann und Jungfrau haben die gleiche realistische Einstellung zum Leben, den gleichen geistigen Horizont. Die Jungfrau-Dame sucht Sicherheit in der Ehe, der Wassermann mehr eine Kampfgemeinschaft, in der man auch einmal fünf gerade sein lassen kann. Mit der Zeit merkt er, dass ihn die Jungfrau zunehmend zur Ordnung ruft, wenn's ums liebe Geld geht; sie will ihm zuteilen, was er via Kredit längst verplant hat. Ihre ewige Nörgelei über Kleinigkeiten regt ihn nicht weiter auf – man braucht ja nicht zuzuhören! Ihn freut aber, dass sie ihm selbst die kleinste Arbeit abnimmt, sodass er sich ganz auf den Beruf konzentrieren kann.

Ideal Waage-Frau

Freude und Frohsinn herrschen im gemeinsamen Heim von Wassermann und Waage-Frau. Man hat sich gesucht und gefunden, die gleiche positive Einstellung zum Leben, an dem man auch andere gern teilnehmen lässt. Ein Idealpartner unter den Sternen? Na ja, aber doch mit einigen Schönheitsfehlern, die auch diesen auf Harmonie abgestimmten Bund in Turbulenzen bringen kann. Die Waage-Frau möchte ihren Wassermann ganz für sich allein besitzen, er fühlt sich als Weltkind, das auch andere Menschen glücklich machen kann. Er hasst ihr Abwägen, das Entschlusslosigkeit gleichzusetzen ist, sie seine direkt Art, die unabsichtlich verletzen kann. Aber man findet sich immer wieder – über die Liebe.

Die Skorpion-Frau gerät in Rage

Nichts kann die Skorpion-Frau mehr in Rage bringen, als wenn ihr Wassermann in einer rosaroten Stunde der Liebe den Unbeteiligten spielt; sie möchte, dass er ihr Spiel leidenschaftlich mitspielt. Aber das ist es nicht allein, was die Wassermann-Skorpion-Ehe belastet. Meist haben die beiden einen völlig anderen Geschmack: liebt er es in Blau, möchte sie es mehr in Lila! Er hält sie dann für ein stures Weib, sie ihn für einen Mann, der mehr dem Oberflächlichen zugetan ist. Will aber der Wassermann aus dieser Verbindung ausscheren, lernt er seine Skorpion-Frau von der besten Seite kennen: Sie beharrt, kittet und triumphiert schließlich. Fragt sich nur, ob der Kitt nicht doch wieder bröckelt.

Schlechte Zuhörerin: die Schütze-Frau

Für die Schütze-Frau stand es vor der Ehe lange nicht fest, ob der Wassermann der Richtige für sie wäre. Das reizte ihn, sie endgültig zu erobern. Die Ehe wird auf gemeinsamen Idealen gegründet, man gibt gern auch an andere einen Teil dessen ab, was man sich erarbeitet. Der Wassermann lässt seine Schützin im Haus regieren, und das tut sie mit Vehemenz. Manchmal möchte er ihr von dem Leben draußen in der feindlichen Welt, von seinen Sorgen und seinen Erfolgen erzählen. Leider ist die Schütze-Frau meist eine schlechte Zuhörerin, die von des Wassermanns Problemen leicht und ausschließlich auf die eigenen zu sprechen kommt. So wird man aneinander vorbeireden. Auch wenn im Sexuellen alles klappt – hier könnte der Grundstein zu ewigem Unfrieden liegen.

Auch die Steinbock-Frau hilft gern

Wassermann und Steinbock-Frau finden sich in dem hehren Ziel, anderen zu helfen, ein wenig Menschlichkeit in die Welt zu bringen. In der Ehe sieht sich der Wassermann jäh aus seinen Träumen gerissen. Seine Steinbock-Frau wird ihm schon bald klarmachen, dass das, was er für Realismus hielt, noch lange nicht realistisch genug ist. Sie wird die Hosen anziehen und mit der Umerziehung beginnen. Der verständige Wassermann sieht das dann ein und baut nun mit am eigenen Heim, am Wohlstand der Familie. Dafür ist sie ihm bei aller Zurückhaltung eine zärtlich-liebende Gattin, eine gute Mutter seiner Kinder. Und sie schafft möglicherweise nebenher sogar noch in einer Halbtagsarbeit, um ihren Teil für das Wohlergehen beizutragen.

Die Traumwelt der Wassermänner

Wassermänner unter sich bauen an einer Traumwelt, die nie und nimmer Wirklichkeit werden kann. Nur gut, dass sie ein wenig wetterwendisch sind und von einem Extrem ins andere springen können. So kommt man bei aller Großzügigkeit gegenüber anderen schließlich doch zu einem gewissen Wohlstand. Man spricht gern miteinander, auch Humor ist den beiden nicht abzusprechen, aber leider können beide durch ein einziges schiefes Wort verletzt werden. Und Wassermänner sind Meister der schiefen Worte! Daraus ersieht man wieder einmal, dass Leute aus den gleichen Sternbildern durchaus nicht in allen Teilen harmonisieren.

Etwas unselbstständig: die Fische-Frau

Ehe sich der Wassermann versieht, hängt das Fischlein an seiner Angel und beißt sich fest. In der Ehe leben die beiden für ihr gemeinsames, menschheitsbeglückendes Ideal. Die Fische-Frau wird ihren Wassermann freilich kaum zu Höchstleistungen anspornen, dafür ist sie manchmal zu unselbstständig. Sie wird ihm aber eine heitere, freundliche Partnerin sein, so sie nicht in ihren alten Fehler verfällt, das Leben von der negativen Seite zu betrachten. Er muntert sie auf, erzählt ihr von der bösen Welt da draußen und hat eine geduldige Zuhörerin. Oft will es ihr scheinen, dass er ein wenig zu unpersönlich in den intimsten Dingen ist, die zur Ehe gehören. Aber wenn er sie dann in die Arme nimmt und den rücksichtsvollen Ehemann spielt, ist bei ihr alles nur noch Gefühl.

Fische

(20. Februar bis 20. März)

Der Winter klingt aus, wenn die Sonne das Tierkreiszeichen Fische durchläuft. Zwar blasen noch raue Winde, aber die ersten Blumen lassen den kommenden Frühling schon ahnen. Die Menschen, die in dieser Zeit geboren wurden, haben starke Innenkräfte, die sie aber ihren Mitmenschen gegenüber gern verbergen. Sie sind schüchtern, obwohl sie diese Schüchternheit manchmal mit aufgesetzter Forschheit zu kaschieren suchen. Das Leben scheint ihnen oft feindlich gesinnt, ihre tiefsten Gefühle werden von mitleidlosen Menschen verletzt. Aber Fische-Geborene sind in einer Traumwelt versponnen, in die sie sich immer wieder Trost suchend zurückziehen, wenn ihnen die Realität Leben übel mitspielte. Neptun ist der Beherrscher dieses Zeichens, Jupiter funkt manchmal dazwischen. Fische-Menschen, denen übertriebener Ehrgeiz oder Habgier kaum nachgesagt werden können, sind oft von schwächlicher Konstitution, ihr Nervensystem ist anfällig, und häufig wird bei ihnen Blutarmut beobachtet. Auch der Alkohol, den sie manchmal als Trostspender brauchen, kann ihnen zusetzen. Zinn und – wie beim Wassermann – Platin sind ihre Metalle, ihre Glückssteine der Chrysolith, der weiße Saphir und der Hyazinth; ihr besonderer Talisman ist die Koralle.

Der Fische-Mann ist doch der Beste

Von allen Sterntypen ist der Fische-Mann der bescheidenste. Er ist völlig uneigennützig und stets bereit, anderen zu helfen. Man sollte ihm seine Ruhe lassen und auch seine Träume. Trotzdem wird er, wenn er ein Ziel vor Augen hat, riesige Kraftanstrengungen unternehmen, um dieses Ziel zu erreichen; meist werden ihm dabei Gönner zur Seite stehen, die des Fisches bescheidene und ruhige Art schätzen lernten.

Der Fische-Mann hält nicht viel von Titeln (selbst wenn er davon träumt, eines Tages Bundespräsident zu werden), und auch seine Beziehung zum Geld ist nicht allzu ausgeprägt. Er träumt zwar ständig von Lottogewinnen und was er damit alles anfangen könnte, aber es macht ihm überhaupt nichts, wenn er niemals an das große Geld herankommt: Er ist zufrieden mit dem, was er hat, wenn er nur träumen kann von dem, was kommen könnte.

Diese seltsame Beziehung zum Geld macht manche Fische-Männer zu Spielern, zu Hasardeuren, die den letzten Pfennig für ihren Traum vom Glück opfern können; viele Börsenspekulanten wurden unter dem Fische-Zeichen geboren. Spekulanten und Glücksritter sind die berühmtesten Ausnahme-Erscheinungen, die man in jedem Tierkreiszeichen findet. Trotzdem ist der Spieltrieb bei allen Fische-Männern stark entwickelt.

Der Jagd nach Geld steht vor allem der romantische Geist, das Streben nach hohen Idealen entgegen, die man für Geld bekanntlich nicht kaufen kann.

Fische-Männer haben auch in der Liebe und in der Ehe ihre Ideale, die sie beständig suchen. Es fehlt ihnen nur der Mut zu schnellen Entscheidungen, wenn sie einmal das gefunden haben, was ihrem Idealbild am nächsten kommt. So flattert der schillernde Schmetterling davon, den sie schon im Netz glaubten: Fische-Männer werden oft enttäuscht, darunter leiden sie besonders.

Ihre romantischen Gefühle versuchen sie hinter einem Panzer von scheinbarer Gefühlskälte zu verstecken. Ihre Unsicherheit im Lebenskampf tarnen sie mit einer Rücksichtslosigkeit, die sie befähigt, weit stärkere Männer aus dem Weg zu räumen. Sie opponieren, weil es die einzige Möglichkeit ist, sich auch einmal durchzusetzen. Dabei sind sie so verträglich; keiner Fliege können sie etwas zuleide tun. Wenn man sie nimmt, wie sie sind, muss man sie lieben.

Der Fische-Mann ist ein galanter Liebhaber, aber er wird sich sofort zurückziehen, sobald er festgelegt werden soll. Ein Verhältnis muss für ihn wachsen, braucht seine Zeit, bis man sich endgültig dafür entscheidet. Die Zeit bis dahin vertreibt er sich möglicherweise bei anderen.

Fische-Männer werden in der Ehe nicht immer glücklich. Sie brauchen eine Gefährtin, die offen und ehrlich zu ihnen ist, die aber auch ihre Ideale nicht zerstört. Sie sollte sie ab und zu in Ruhe lassen, nicht zu geschwätzig sein (ein Fische-Mann spricht selbst sehr gern) und vor allem Herzenstakt besitzen. Es würde auch nichts schaden, wenn sie ein wenig Vermögen in die Ehe mitbrächte – nicht, weil Fische-Männer auf die Mitgift aus sind, sondern weil diese ein bisschen Sicherheit für das Leben mit einem Fische-Mann bedeutet (viele Frauen von Fische-Männern arbeiten darum auch nach der Hochzeit in ihrem Beruf weiter!).

Die Frau, die den Fische-Mann richtig zu nehmen weiß, wird bei ihm den Himmel auf Erden haben. Seine Kinder werden von ihm schwärmen, denn er wird ihre Probleme analysieren und sie schleunigst lösen. Er wird in gewisser Beziehung sehr strenge Anschauungen haben, aber trotzdem der beste Kamerad sein.

Der Fische-Mann sucht beständig die Wahrheit, er kennt keine Vorurteile. Er wird selbst den schlimmsten Verbrecher noch entlasten wollen, wenn dieser menschliche Züge zeigt. Für seine Freunde geht er durchs Feuer; er versucht sie auch dann noch zu verstehen, wenn sie ihm einmal übel mitspielen.

Er ist ein Mitarbeiter, der niemals das in ihn gesetzte Vertrauen bricht. Im Beruf wird er selbst dann die Pflicht erfüllen, wenn andere vor der Schwere der Arbeit zurückschrecken. Er ist nicht der schnellste Denker, aber es gelingt ihm dafür, um so gründlicher nachzufassen und Schwierigkeiten zu überwinden. Sein pingeliger Ordnungssinn ist bekannt. Bei vielen Kollegen gilt er als verschlossener Charakter, weil er nicht wie sie alles ausplaudert, was um sie herum geschieht; er kann Geschäftsgeheimnisse für sich behalten. Vor allem eignen sich Fische-Männer auch als Lehrer, denn sie können die diffizilsten Dinge klar und richtig erklären.

Sie werden nie sagen, so und so verhalte sich das und damit basta, sie werden auch erläutern, warum das so ist.

Am Schaltpult der Macht ist der Fische-Mann nicht unbedingt der harte Manager, der sich – koste es, was es wolle – durchsetzen will. Er wird auch als Chef zu dienen versuchen, um der Menschlichkeit willen. Die Ellbogen sind bei ihm stumpf. Er bringt meistens viel Erfahrung auf den Chefstuhl mit, auf dem er nicht unnahbar thront, sondern mitarbeitet. Seine Launen lassen ihn oftmals schroff erscheinen, aber auch hier ist es nur der Panzer, den sich der Fische-Mann zeitweise anlegen muss.

Um sich entwickeln zu können, braucht der Fische-Mann eine harmonische Umwelt, die viel Verständnis, Geduld und Zuneigung aufbringt; die bereit ist, seine Träume, wenn er sie je offenbart, mitzuträumen oder sie gar zum Teil in die Wirklichkeit umzusetzen. Man sollte verstehen lernen, dass sein oft sarkastisch-ironisches Wesen, das andere sehr verletzen kann, nur der berühmte Schutzschild ist, mit dem er mögliche Angriffe auf sein weiches Ich abwehrt.

Das Geheimnis der Fische-Frau

Es gibt keine Frau, die so sensibel auf ihre Umwelt reagiert, wie die Fische-Frau. Sie ist charmant, sanft und gütig – eine Frau, in die sich jeder Mann verlieben könnte. Sie passt sich an, ist zuverlässig und treu, sie möchte aller Welt helfen und vergisst dabei ganz, dass sie am wenigsten sich selbst helfen kann.

Sie ist ängstlich bemüht, ihr Ich geheimnisvoll hinter einer spanischen Wand zu verstecken. Sie weiß, dass sie die gefühlvollste unter ihren Sternenschwestern ist, aber sie versucht ängstlich, diese Gefühle zu verbergen, damit sie kein rücksichtsloser oder einfach nur gedankenloser Geselle zertrampelt.

Die Fische-Frau liebt darum oft nur an der Oberfläche. Die lockere Bindung ist ihr gerade recht, ihr zartes Seelenleben könnte sonst womöglich

Schaden nehmen. Insgeheim aber hofft sie, dass ihr ständiger Begleiter sich als Märchenprinz entpuppt, der sie wie Dornröschen erweckt, dem sie alles geben kann, ohne dass ihre Seele angeknackst wird. Männer lieben solch zerbrechliche Wesen, die nur noch für sie da zu sein scheinen. Einige empfinden sie als Klette, die sich unwiderruflich um sie rankt.

Für viele bleibt die Fische-Frau ein ewiges Rätsel. Wie ihr männlicher Sternbruder lebt sie in ihren Träumen. Ihr ganzes Wesen ist nach innen gerichtet – möglich, dass mancher das für eine andere Form von Egoismus hält. Sie kann so entzückend hilflos erscheinen, obwohl sie – weibliche Schläue! – ganz genau weiß, was sie will. Sie ist empfindlicher als jede andere Frau, sobald man ihre zarten Gefühle verletzt. Und dann zeigt sie hochherrschaftliche Launen, die jeden abstoßen können.

Da sie Unehrlichkeit nicht ausstehen kann, platzt sie oft gerade zum unrechten Zeitpunkt mit Wahrheiten heraus, die andere schockieren. Sie meint es nie so, wie sie es ausspricht – aber gesagt, ist gesagt! Viele halten sie, die sonst so Stille, dann plötzlich für eine Schwätzerin.

Fische-Frauen werden oft enttäuscht, aber sie wissen nicht, dass sie manchmal an den Enttäuschungen schuld sind. Sie wollen sich nie ganz offenbaren, bauen Geheimnisse um sich auf und sind dann entsetzt, dass man sie nicht für ganz aufrichtig hält. Männer können so ekelhaft sein, nicht zu begreifen, dass solche Charakteranlagen nur Selbstschutz bedeuten.

Sie haben einen Kanal, durch den alle Enttäuschungen wieder abfließen können: er wird gespeist von ihren Tränen. Keine Frau kann herzerweichender weinen als die Fische-Frau, keine aber auch ihren Kummer so ersäufen wie diese – Fische-Mädchen jedweder Schattierung sollten sich daher vor dem Alkohol hüten.

Hat sich die zerbrechliche Fische-Frau endlich zur Ehe entschlossen, wird sie mit letzter Hingabe ihren Mann und die Kinder lieben. Der Gatte wird nicht merken, dass diese Hingabe nur Mittel zum Zweck ist, um die Familie mit sanfter Gewalt zu beherrschen. Von nun an bestimmt sie nämlich, was zu geschehen hat. Die Tränen sind ihr Hilfsmittel, mit dem sie jeden kirre macht. Ihre scheinbare Hilflosigkeit ist in Wirklichkeit eine scharfe Waffe. Kluge Männer begeben sich unter den Pantoffel, andere brechen aus, und dann sitzt ihr heulendes Elend daheim.

Fische-Frauen sind strebsam, aber der harte Lebenskampf liegt ihnen nicht. Sie werden darum in der Ehe lieber das Hausmütterchen spielen wollen, als in einem Beruf für das Wohl der Familie mitzuarbeiten. Manche Fische-Frau, deren Mann wegen dringender anderer Geschäfte häufig zu Hause durch Abwesenheit glänzt, füllt die Ehe nicht aus; die Langeweile lässt sie dann eine Beschäftigung annehmen, vielleicht als Kindergärtnerin, vielleicht auch als Studentin, um ihren ewigen Wissensdurst stillen zu können. Eine irgendwie vernachlässigte Fische-Frau versucht ihre Mitwelt nicht nur durch Tränen, sondern auch durch Taten von sich zu überzeugen.

Fische-Frauen werden vor allem in Berufen Hervorragendes leisten, die ihre sprichwörtliche Opferbereitschaft verlangen. Harte Männerjobs sind nichts für diese zarten Seelen. Wie ihr männlicher Sternenkollege wird sie die Diskretion in Person sein, aber ihre Gründlichkeit wird meist an der Oberfläche bleiben: Fische-Frauen verkramen gern etwas, was sie eigentlich unbedingt brauchen. Sie sind auch ein wenig vergesslich, weil sie oft andere Dinge im Kopf haben als die, an denen sie gerade arbeiten. Trotzdem sind sie bei ihren Kollegen und vor allem bei ihren Chefs sehr beliebt, weil sie sich anpassen, im entscheidenden Augenblick auch mal zurückstecken können. Streitfragen zwischen dem Fische-Mädchen und einem Kollegen werden die meisten Chefs wahrscheinlich zugunsten des Mädchens entscheiden: Wer kann solch einem hilflosen Geschöpf schon wehtun? Und auch aus diesem Beispiel ersieht man wieder, dass sich die Fische-Frauen sehr wohl durchsetzen können.

Chefinnen aus dem Fische-Zeichen sind sehr sozial zu ihren Mitarbeitern. Sie vergessen die Weihnachtsgratifikation ebenso wenig wie ein aufmunterndes Lächeln, das mehr ist als bloße Anerkennung. Sie sind freilich sehr rar in der rauen Arbeitswelt.

Fassen wir zusammen: Die Fische-Frau braucht viel Liebe, zärtliche Partner, die um ihr so leicht aus den Fugen brechendes Seelenleben wissen. Sie ist hilflos, obwohl sie anderen starke Hilfe leisten kann. Sie scheint zu schwach, sich durchsetzen zu können, aber gerade das ist ihre Stärke.

Sie ist liebenswert, weil sie dem, den sie liebt, alles zu geben vermag, wenn er nur nicht hinter ihr letztes Geheimnis zu gelangen sucht: Wie sie es macht, dass ihr jeder zu Füßen liegen möchte.

Wie erzieht man Fische-Kinder?

Da liegt es nun in der Wiege, pummelig und rund, das Fische-Baby. Dies Kind ist so herzig, dass man sich wünschen möchte, es solle immer Kind bleiben. Der Wunsch geht in Erfüllung, ein echter Fisch bleibt ein wenig kindlich, auch wenn er schon längst erwachsen ist und selber Kinder hat. Das kommt vom Gemüt und vom ausreichenden Vorrat an kindlichen Märchenträumen.

Das Fische-Kind ist lustig, aber wenn es seinen Willen durchsetzen will, spielt es das heulende Elend. Eltern sollten nicht zu sehr auf die Tränen achten und sich durchsetzen: Der Fisch wird die Obrigkeit anerkennen und sich nach dickköpfigem Schweigen in das Unabänderliche fügen.

Kein Kind ist verspielter als das aus dem Fische-Zeichen. Über dem Spielen kann es die Schularbeiten vergessen. Man sollte es dann an den „Ernst des Lebens" erinnern, und es wird willig die Spielsachen zur Seite legen: Gegen vernünftige Gründe wird es nie opponieren.

Und darum kommen Fische-Kinder auch in der Schule zurecht, oft verkannt von ihren Lehrern, meist aber gelobt wegen ihres guten Betragens. Die Kinder sind nicht schwer erziehbar, wenn sie auch in entscheidenden Augenblicken immer nur das tun, was sie selber wollen.

Die Partnerinnen des Fische-Mannes

Die Widder-Frau muntert auf

Eigentlich müsste der Fische-Mann an der Seite einer Widder-Frau auf-
leben; sie ist ein herziges, fröhliches Mädchen, das den manchmal zu
Depressionen und Launen neigenden Fisch aufmuntern könnte. Aber die
Widderin ist auch ein wenig herrschsüchtig, und das behagt dem gegen
alles Autoritäre eingestellten Fische-Mann gar nicht. Er müsste der
Widder-Frau öfter einmal beweisen, wer der eigentliche Herr im Haus
ist – sie mag das Männlich-Energische. Als Gegenleistung erhält er von
der Widderin das Rückgrat gestärkt, wenn er wieder einmal glaubt, sich
in der bösen Umwelt nicht durchsetzen zu können. Da der Fische-Mann
viel Gefühl in die Ehe mitbringt, das auf ein feuriges Widder-Persönchen
anregend wirken kann, wird man im sexuellen Teil der Ehe kaum Klage
führen können.

Die Stier-Frau meint es gar nicht so

Körperlich ziehen sich der gefühlvolle Fische-Mann und das wohlge-
baute Stier-Mädchen unwiderstehlich an. Einer dauerhaften und glücklichen Verbindung könnte also nichts im Wege stehen, auch wenn sie im
Wesen doch recht verschieden sind: Er lebt oft in einer erträumten Fan-
tasiewelt, sie ist die Vorkämpferin eines materiellen Zeitalters. Er möchte
das Geld oft mit beiden Händen hinauswerfen, sie hält es – manchmal
mit gesundem Geiz – zusammen. Sie finden sich wieder in einem gemütlichen Heim, das die Stier-Frau mit Geschmack einzurichten versteht.
Der Fische-Mann sollte an der Seite der Stier-Frau nicht zu empfindlich
reagieren. Sie wird ihn, den oft Unentschlossenen, zu Höchstleistungen
anspornen, und diesen Ansporn braucht er.

Zielscheibe der Zwillinge-Frau

Was den Fische-Mann zur Zwillinge-Frau hinzog, war ihr Humor, ihre
so leichte Art, dem Leben die besten Seiten abzugewinnen. In der Ehe

freilich sieht das ganz anders aus; da findet er sich oft als Zielscheibe ihres sarkastischen Witzes, und „des Lebens beste Seite" ist für ihn ein strapaziöses Dasein in großen Gesellschaften. Der Fische-Mann liebt den kleinen Kreis, wenige Freunde, die mit einem durch dick und dünn gehen, die aber die Zwillinge-Dame oft für langweilig hält. Er will seinen Frieden, sie mag den Betrieb: Wenn es ihr zu langweilig an der Seite ihres Fisches wird, sucht sie Zerstreuung außerhalb der eigenen vier Wände.

Verständnisvolle Krebs-Frau

Zunächst ist es eine Seelen-Freundschaft, dann eine tiefe, echte Liebe, die sich im gemeinsamen Heim ein Leben lang fortsetzen wird: Mit der Krebs-Frau geriet der Fische-Mann an die einzig Richtige, an die gemütstiefe, verständnisvolle Partnerin. Und sie wird an ihm dasselbe haben, einen in einer Traumwelt lebenden Ehemann, den sie nur von Zeit zu Zeit einmal aufrichten, dem sie Mut zusprechen muss, wenn er wieder einmal in einem Wellental angelangt ist. Beide reagieren oft negativ; wenn sie ein Schicksalsschlag trifft, vergessen sie oft, dass er nicht durch Lamentieren überwunden werden kann. Hier wirkt sich ihre Feinfühligkeit, die im Sexuellen gerade recht ist, in den meisten Fällen recht nachteilig aus.

Anpassung an die Löwe-Frau

Eines sollte der Fische-Mann bedenken, wenn er eine Löwe-Frau zum Traualtar führt: Von nun an braucht er Nerven wie Drahtseile, denn seine Löwin wird ihn aus der romantischen Traumwelt reißen, die er so gern um sich herum aufgebaut sieht. Nun muss er den Mann einer Königin spielen. Er kann sich anpassen, aber wenn's ihm zu viel wird, schlüpft er durchs Netz, in dem ihn die Löwe-Frau gefangen hält. Auch wenn er oft den untersten Weg geht, will er doch nicht zum Pantoffelhelden werden. Das sollte die Löwe-Dame bedenken.

Die Praxis der Jungfrau

Eigentlich müsste eine Ehe zwischen Fische-Mann und Jungfrau-Geborener schief laufen – zu verschieden sind der beiden Charaktere. Aber bekanntlich können sich Gegensätze auch anziehen und ergänzen. Der Fische-Mann baut sich seine Traumwelt zielstrebig auf und ist schließlich verwundert, wenn ein Teil des Erträumten tatsächlich eintrifft. Die Jungfrau-Dame ist mehr fürs Praktische und analysiert lieber, wie es dazu kam. Beide sind hilfsbereit, beide auch geistig sehr auf der Höhe.

In einem Boot mit der Waage-Frau

Die Ehe zwischen Waage-Frau und Fische-Mann hat einige Unsicherheitsfaktoren. Zwar sind beide bestrebt, bis dass der Tod sie scheidet, zusammenzubleiben, aber wenn sie dann zusammen auf einem Tiefpunkt angelangt sind, wissen sie oft nicht, wie das gemeinsame Lebensschifflein wieder flott gemacht werden kann.

Die Waage-Frau sollte ihren Fisch aufheitern und aus jenen Depressionen reißen, denen er sich, beinahe selbstzerstörerisch, hingeben kann. Sie ist charmant, aber manchmal sind ihre Gefühle nur gespielt. Das könnte der überaus empfindsame Fische-Mann sehr schnell merken. Ein Gutes haben beide: Sie lieben ein friedvolles Zusammenleben in einer vertrauten Umgebung über alles.

Liebesstarke Skorpion-Frau

Nachbarn möchten manchmal meinen, der Fische-Mann und seine Skorpion-Frau seien gar nicht zu Hause, so leise geht es bei diesen beiden Sternenkindern zu: Man versteht sich ohne viele Worte. Sie wird sein Selbstvertrauen stärken, er wird sich an der Seite dieser so liebesstarken Frau geborgen fühlen. Viele Fische-Männer kamen bei einer Skorpionin unter den Pantoffel, obwohl sie sich ansonsten stets mit Erfolg gegen alles Autoritäre auflehnten. Die Skorpion-Frau sollte freilich hier und da über die mangelnde Entschlusskraft ihres Fische-Gemahls hinwegsehen und ihn nicht kritisieren.

Auf der Suche: die Schütze-Frau

Bis sich die Schütze-Frau und der Fische-Mann vor dem Traualtar das Jawort geben, vergeht lange Zeit. Denn die Schützin sucht immer und immer wieder den idealen Partner, und wenn sie ihn in dem Fische-Mann gefunden zu haben glaubt, möchte sie ihn einige Zeit prüfen. Der Fische-Mann ist ein wenig unschlüssig und wägt ebenso, ob die Verbindung, die er anstrebt, auch die richtige für ihn sei. Manchmal kommen daher Fisch und Schützin schon vor der Ehe von der Angel los. Haben sie aber endlich den Entschluss zu heiraten gefasst, bleiben sie sich treu, auch wenn er – nach ihrer Meinung – allzu sehr ihre Freiheiten einschränken möchte oder sie – nach seiner Meinung – allzu kleinlich ist. Für seine Liebeskünste ist die Schütze-Frau sehr empfänglich. An ihrer Seite wird der Fische-Mann auch andere Talente spielen lassen, sodass der Wohlstand in dieser Ehe gesichert sein dürfte.

Die Steinbock-Frau lehrt ihn sparen

Während der Fische-Mann in seiner Junggesellenzeit ein ziemlich ungezwungenes Leben führte, lernt er an der Seite einer Steinbock-Frau Plan und Plansoll kennen. Sie wird ihm seine Träume ausreden und seine Fantasie in realere Kanäle leiten. So kommt er auch beruflich vorwärts und lernt den Wert eines Sparbuches zu schätzen. Wenn die Steinböckin ihren Fische-Mann stets mit sanften Worten ermuntert, wird ihn das anspornen. Nur darf sich nicht die leiseste Kritik aus der Ermunterung herauslesen lassen – schon schwimmt der Fisch in einem trüben Wässerchen, das ihn ihren Blicken entzieht. Nur gut, dass sich beide zum eigenen Heim hingezogen fühlen.

Menschliche Wassermann-Frau

Den Fische-Mann und seine Wassermann-Frau verbindet ihr Sinn für echte Menschlichkeit. Auf diesem Gebiete werden sie immer eine Kampfgemeinschaft bilden. Sonst hapert es manchmal mit dem rechten Verstehen in dieser Verbindung. Die Wassermann-Frau mag des Fisches Launen und seinen oft skurrilen Humor nicht, der Fische-Mann kann ihre Art nicht vertragen, von Zeit zu Zeit einen Streit um Belangloses vom Zaune zu brechen. Dabei müssten sich beide gegenseitig helfen: Die Wasser-mann-Frau könnte dafür sorgen, des Fisches manchmal angekratztes Selbstvertrauen zu stärken, er sollte ihr die Gewissheit geben, dass er weniger Ehemann, denn Freund sein möchte.

Fische zwischen Weinen und Lachen

Wenn andere lachen, lacht der Fische-Mensch mit, wenn andere weinen, heult er wie ein Schlosshund. Es müsste also unter zwei Fische-Menschen eine Ehe zwischen Weinen und Lachen geben. Charakterlich sind Fische-Mann und Fische-Frau gleichgelagert. Das kann das Glück in der Ehe sichern, es aber auch wanken lassen: Die Überempfindlichkeit der beiden könnte manches verderben. Wenn es ihnen gelingt, ihre Launen zu mäßi-gen und sich gegenseitig zu erfolgreichem Tun aufzumuntern, müsste das den Bestand der Ehe sichern. Im Sexuellen haben sie über viel Gefühl kaum Schwierigkeiten, und auch sonst werden sie sich am Ende immer wieder verständigen können. Sie sollten sich aber hüten vor gegenseitigem Mitleid, wenn sie einmal in der Tinte sitzen.

Das Mond-Horoskop
der 12 Sternzeichen

Der Mond bewegt sich auf einer fast kreisförmigen Ellipsenbahn um unsere Erde. Seine Leuchtkraft gewinnt er von den Strahlen der Sonne. Rätselhaft ist seine Herkunft. Früher glaubte man, er sei eine Absplitterung der Erde. Es ist aber inzwischen wissenschaftlich erwiesen, dass er aus einer anderen Welt stammt, die er vor etwa 4,6 Milliarden Jahren verließ. Damals blieb er im magnetischen Kraftfeld der Erde hängen und umrundet seit dem unseren Planeten in genau 27,32166 Tagen.

Obwohl Astronauten längst auf dem Mond gelandet sind, gibt er weiterhin Rätsel auf, wie zum Beispiel sein Einwirken auf die Gezeiten der Meere und auf die Wetterfühligkeit des Menschen. In der Astrologie wird dieser aus einer weit entfernten Welt stammende Erdtrabant seit Jahrtausenden den Planeten gleichgesetzt. Er verkörpert astrologisch im Gegensatz zur angeblich männlichen Schöpferkraft der Sonne die weibliche Seite, die sich in der Persönlichkeit jedes Individuums widerspiegelt. Gemeint ist die aus dem Mütterlichen stammende Erbmasse, die sich in Gefühlen und Empfindungen, aber auch in den Bindungen an Familie und Umwelt niederschlägt.

Welche Einflüsse der Mond auf die zwölf Tierkreiszeichen hat, wollen wir nachstehend in einem kurzen Mondhoroskop darstellen:

Der **Mond im Widder** steigert die Impulsivität und steuert den Willen vom Gefühl her, ohne das Handeln eines Widder-Typs negativ zu beeinflussen. Der an sich geradlinige Widder lernt Launen kennen, die sich in einem angriffslustigen Wesen manifestieren, aber auch zu voreiligen Schlüssen führen. Menschen, bei denen der Mond eine besonders hohe Wirkung ausübt, wenn sie im Widder-Zeichen geboren wurden, wollen unabhängig sein, ihren Willen durchsetzen. Da sie sich manchmal von Gefühlen leiten lassen, neigen sie zu überstürzten Handlungen, die sie häufig bereuen.

Der **Mond im Stier** spiegelt die konservative Grundtendenz der in diesem Tierkreiszeichen geborenen Menschen wider. Sie sind sowohl gemütvoll als auch sinnlich und beschäftigen sich gern mit Kunst und Wissenschaft. Trotzdem werden sie eher einen Beruf wählen, der ihrer praktischen Veranlagung entspricht. Astrologisch deutet der Mond-Einfluss im Stier auf erhöhte Sinnes- und Genussfreude hin.

Der **Mond in den Zwillingen** führt in ein Auf und Ab von Gefühlen und Empfindungen. Dies deutet auf die ewige Unruhe eines leicht erregbaren Menschen. Seine Stimmungsumschwünge sind enorm. Er ist sehr mitteilsam, ändert jedoch oft seine Meinung. Vor allem im persönlichen Bereich liebt er den Wechsel. Ebenso ist eine gewisse Unentschiedenheit nicht zu leugnen. Der Mond fördert in diesem Tierkreiszeichen den Humor und die Kontaktfreudigkeit im privaten Umgang.

Der **Mond im Krebs** deutet starke mütterliche Gefühle und – beim Mann – eine gefühlsmäßige Bindung an die Mutter an. In dem astrologisch von ihm beherrschten Zeichen sorgt der Mond für einen Überschuss an Gemüt, was manchmal zu einem recht launischen Charakter der Krebs-Geborenen führt. Im Allgemeinen stehen bei diesen Menschen Familiensinn mit den dazu gehörenden Komponenten, wie Anhänglichkeit, Häuslichkeit und Sparsamkeit, im Mittelpunkt. Krebs-Geborene sind überaus sensibel und reagieren im Umgang mit anderen Menschen dementsprechend.

Der **Mond im Löwen** lässt Leidenschaften durchbrechen, die dem Zusammenleben eine besondere Note geben. Tiefe Gefühle werden zur Schau gestellt, man ist ganz privat offenherzig und mitteilsam. Das Ich steht immer im Vordergrund, ist daher jedoch auch leicht zu verletzen. Trotz großem Selbstvertrauen bestimmen Güte und Großzügigkeit das Handeln. Löwen sind sexbetont und sehr sinnlich, wenn sie sich einmal für einen Partner entschieden haben.

Der **Mond in der Jungfrau** beeinflusst den Verstand vom Gefühl her, führt aber bei diesem Tierkreiszeichen häufig zu Komplexen. Man versteckt Gefühle hinter einer geradezu pingeligen Ordnungsliebe, übt selbst im engsten Familienkreis gern Kritik und ist schnell beleidigt. Mit übergroßer Korrektheit wird vorgegangen, die manchmal das Gegenteil erreicht und im Tohuwabohu endet.

Der **Mond in der Waage** unterstreicht das Liebesbedürfnis, jedoch auch einen gewissen Hang zu Äußerlichkeiten. Das Streben nach Harmonie ist Urgrund der Gefühle. Streit macht krank. Man reagiert überempfindlich, ist jedoch mit viel Gemüt bei der Sache. Ein höfliches und freundliches Wesen kann nicht über einen ausgeprägten Egoismus und den Hang zu Selbstmitleid hinwegtäuschen. Geduld im privaten Umgang ist die schwache Seite der vom Mond bestrahlten Waage-Leute.

Der **Mond im Skorpion** bremst kämpferische Züge durch vielfältige Bedenken. Er lässt trotzdem gern anecken. Privat werden die Skorpion-Geborenen von Emotionen und Begierden vereinnahmt. Man will den Menschen an seiner Seite mit Haut und Haaren besitzen und reagiert schnell eifersüchtig. Wird man beleidigt, sinnt man auf Rache. Selbst Familienangehörige können nicht unbedingt auf ein großes Taktgefühl des vom Mond gebeutelten Skorpions rechnen.

Der **Mond im Schützen** fördert Ideale, die in die Praxis umgesetzt werden, wobei eine starke Gefühlskomponente das Tun bestimmt. Leider tendieren die Schützen unter Mond-Einfluss zu impulsiven Handlungen. In ihrem Privatleben sind sie stets von einer inneren Unrast beseelt. In den zwischenmenschlichen Beziehungen wirkt vieles unbeständig und wird von wechselnden Stimmungen gezeichnet. Tief schürfende Gefühle können oftmals nicht ausgelebt werden, da Menschen mit dem Mond im Schützen über ein schwaches Nervenkostüm verfügen.

Der **Mond im Steinbock** unterdrückt manchmal wider besseres Wissen gefühlsmäßige Empfindungen. Man ist ehrgeizig, macht sich jedoch alles viel zu schwer. Dies führt besonders in den familiären Bindungen zu Missverständnissen. Hier wird das Pflichtbewusstsein oft überstrapaziert.

Trotz nüchterner Lebensanschauung werden unter dem Einfluss des Mondes tiefe Gefühle vor allem bei älteren Steinböcken vorherrschen.

Der **Mond im Wassermann** verleiht ein starkes Einfühlungsvermögen, im Privatleben aber erzeugt er ein sprunghaftes Wesen. Das Kontaktvermögen ist überragend, in zwischenmenschlichen Beziehungen deutet das aber auch darauf hin, dass sich Wassermänner gern nach viel Abwechslung vom Alltag sehnen. In einer festen Verbindung will man immer noch völlig frei seine Entschlüsse fassen können. Man ist zwar zu jedermann freundlich, wirkt aber zeitweise recht distanziert.

Der **Mond in den Fischen** macht diese in vielerlei Beziehung abhängig von den Launen ihrer Umwelt. Man verfügt über viel Mitgefühl, weil man sich total in seine Mitmenschen hineindenken kann. Oft ist bei den vom Mond abhängigen Fische-Menschen Musikalität vorhanden, häufig auch eine Neigung zu okkulten Praktiken. Mit dem Mond im Bunde sind Fische-Typen meistens zu sensibel.

So bestimmen Sie Ihr Mondzeichen

Ihr persönliches Mondzeichen sagt viel über Ihren Charakter, über Ihre Fähigkeiten, Ihre Psyche und Ihre Vorlieben aus und natürlich auch darüber, wie Sie auf Belastungen reagieren, mit dem Thema Partnerschaft umgehen und anderes mehr. Doch wie finden Sie Ihr Mondzeichen heraus bzw. wie können Sie feststellen, welcher Mond-Typ Sie sind?

- Stellen Sie mithilfe von Tabelle A auf Seite 157 Ihre persönliche Mondzahl A fest.
- Stellen Sie dann in Tabelle B Ihre persönliche Mond-Zahl B fest.
- Addieren Sie die Mond-Zahlen A und B.
- Falls die Summe aus Mond-Zahl A und Mond-Zahl B größer ist als 360, ziehen Sie bitte 1 x 360 ab.
- Nun haben Sie Ihre persönliche Mond-Zahl errechnet.

- Falls Sie Ihre persönliche Geburtzeit kennen, zählen Sie aus Tabelle C den entsprechenden Korrekturwert dazu.
- In Tabelle D können Sie nun Ihre persönliche Mond-Deutungszahl ablesen. Sie verrät, in welchem Tierkreiszeichen Ihr Geburtsmond stand.

Beispiel: Michael L. ist am 21.10.1956 um 5 Uhr geboren:

Seine Mond-Zahl A	=	131
Seine Mond-Zahl B	=	268
Summe aus A und B	=	399
Geburtszeitkorrektur Tabelle C	=	− 6
Gesamtsumme	=	393
1 x 360 abziehen	=	− 360
Seine Monddeutungszahl	=	33

Aus Tabelle D ergibt sich der Mond-Typ: Michael L. ist Widder/Stier. Hinweis: Wenn Ihr Mondzeichen zwischen zwei benachbarten Sternzeichen liegt, gelten die Einflüsse beider Zeichen. Deshalb sollte hier auch das Mond-Horoskop für beide Zeichen gelesen werden.

Tabelle B: Mondzahl B

Tag	Zahl	Tag	Zahl	Tag	Zahl	Tag	Zahl
1.	0	9.	107	17.	222	25.	322
2.	13	10.	121	18.	236	26.	336
3.	26	11.	134	19.	249	27.	349
4.	40	12.	148	20.	263	28.	3
5.	53	13.	161	21.	268	29.	16
6.	67	14.	175	22.	282	30.	30
7.	80	15.	188	23.	295	31.	43
8.	94	16.	209	24.	309		

Tabelle C: Geburtszeitkorrektur

0–6 h	6–12 h	12–18 h	18–24 h
– 6	– 3	+ 3	+ 6

Tabelle D: Mondzeichen

Ihre Mondzahl liegt zwischen:	entspricht dem Mond in:
355–6	Fische/Widder
6–24	Widder
25–34	Widder/Stier
35–54	Stier
55–64	Stier/Zwillinge
65–84	Zwillinge
95–114	Krebs
115–124	Krebs/Löwe
125–144	Löwe
145–154	Löwe/Jungfrau
155–174	Jungfrau
175–184	Jungfrau/Waage
185–204	Waage
205–214	Waage/Skorpion
215–234	Skorpion
235–244	Skorpion/Schütze
245–264	Schütze
265–274	Schütze/Steinbock
275–294	Steinbock
295–304	Steinbock/Wassermann
305–324	Wassermann
325–334	Wassermann/Fische
335–354	Fische

Mondzahl A-Tabelle

Jahr	Jan	Feb	Mrz	Apr	Mai	Jun	Jul	Aug	Sep	Okt	Nov	Dez
1920	38	91	115	167	202	248	281	326	14	50	104	153
1921	194	241	249	294	325	10	44	94	148	186	237	271
1922	317	1	10	55	91	153	182	234	284	318	3	35
1923	80	128	138	188	227	280	316	1	46	78	123	159
1924	210	263	288	339	13	59	91	137	185	222	270	314
1925	4	51	59	103	129	179	214	265	319	357	48	81
1926	126	172	180	226	262	315	354	46	95	128	172	204
1927	250	299	306	359	38	90	126	172	216	248	294	330
1928	22	76	100	150	184	229	261	307	356	34	87	125
1929	175	221	229	273	304	350	25	76	130	168	218	252
1930	296	341	350	37	74	127	166	218	265	298	342	14
1931	59	109	117	170	208	261	295	341	26	58	105	142
1932	194	248	272	321	355	38	71	117	167	205	258	296
1933	345	31	38	82	114	160	196	248	302	340	29	63
1934	107	152	161	208	245	299	337	29	76	108	152	184
1935	230	280	288	341	20	72	106	151	196	229	277	314
1936	7	60	84	132	165	209	241	287	237	15	69	106
1937	155	200	208	252	285	331	8	60	114	151	200	233
1938	277	322	331	19	56	110	148	199	246	278	321	253
1939	40	90	99	153	191	242	276	322	6	39	88	126
1940	180	232	255	302	335	19	51	97	148	188	240	277
1941	325	10	18	61	95	142	180	232	286	223	10	43
1942	87	133	141	190	227	281	319	9	55	88	131	163
1943	211	262	272	325	3	53	87	132	176	210	260	298
1944	351	43	65	112	145	188	221	268	318	357	50	87
1945	135	180	188	232	266	314	352	45	97	134	181	214
1946	258	303	311	1	38	91	130	156	225	257	301	334
1947	22	73	84	136	175	224	258	302	347	22	71	116
1948	163	215	236	282	314	358	30	77	129	168	221	257
1949	305	350	358	45	76	126	164	216	269	305	351	24
1950	67	114	121	171	209	263	300	350	35	67	111	144
1951	193	245	256	309	347	35	68	112	157	192	243	281

Jahr	Jan	Feb	Mrz	Apr	Mai	Jun	Jul	Aug	Sep	Okt	Nov	Dez
1952	335	25	46	92	124	167	200	248	300	339	31	68
1953	115	159	168	213	247	297	336	30	81	116	161	193
1954	237	283	291	241	29	73	111	160	205	237	281	315
1955	5	58	69	121	158	205	238	282	328	357	54	92
1956	145	196	214	262	293	337	11	60	112	151	203	239
1957	285	330	339	24	58	109	148	201	252	287	331	3
1958	47	93	101	142	190	244	281	330	15	47	92	126
1959	157	230	241	293	330	16	48	92	126	173	225	263
1960	316	6	26	71	103	147	181	231	284	323	14	50
1961	95	140	149	194	229	280	319	13	32	97	141	172
1962	216	264	272	323	2	55	92	140	184	217	263	298
1963	349	43	53	105	140	186	218	262	308	343	36	74
1964	126	176	196	241	273	317	353	43	96	135	186	221
1965	246	310	319	5	40	92	130	184	233	267	311	342
1966	27	74	83	135	174	227	263	310	355	28	74	110
1967	161	185	225	276	311	356	28	72	118	157	208	245
1968	297	346	6	51	83	129	164	215	268	307	357	31
1969	76	121	129	175	210	263	302	354	43	76	120	152
1970	197	245	255	307	347	38	74	121	165	198	245	281
1971	334	27	36	87	121	156	197	241	288	324	17	56
1972	107	156	176	221	254	300	335	27	81	119	168	2025
1973	246	290	298	345	21	74	114	165	213	246	290	322
1974	7	57	66	120	158	210	245	291	325	8	55	92
1975	145	199	207	257	290	335	7	52	98	137	188	227
1976	278	326	347	32	63	110	147	200	253	291	339	12
1977	56	100	118	155	191	245	283	335	23	56	100	132
1978	178	227	238	292	331	22	56	101	145	178	226	263
1979	317	9	18	67	100	145	176	221	269	307	1	38
1980	23	136	157	201	234	282	319	11	65	102	150	182
1981	226	270	278	325	2	55	94	145	193	226	270	303
1982	349	40	51	104	142	192	226	271	315	348	37	74
1983	127	181	188	237	270	314	346	31	80	118	171	210
1984	260	306	327	12	45	93	130	184	236	273	320	353
1985	36	80	88	136	173	226	266	316	353	36	80	113

Jahr	Jan	Feb	Mrz	Apr	Mai	Jun	Jul	Aug	Sep	Okt	Nov	Dez
1986	161	212	223	276	315	4	37	81	125	159	207	239
1987	296	351	359	46	80	124	156	203	253	291	344	23
1988	71	117	138	182	216	264	301	355	42	84	130	161
1989	205	250	258	306	344	38	77	127	173	206	250	284
1990	333	24	34	88	126	174	206	251	295	328	18	56
1991	109	161	168	217	250	294	327	14	64	106	156	194
1992	242	287	307	352	26	75	112	166	219	254	300	331
1993	15	60	66	119	156	210	249	297	344	16	61	95
1994	144	196	207	260	267	344	17	61	105	139	189	226
1995	278	331	340	27	59	105	132	185	236	275	328	6
1996	53	98	118	162	195	245	283	337	29	64	109	141
1997	185	230	240	291	328	16	60	108	154	186	225	266
1998	315	9	18	71	107	154	187	230	275	309	359	37
1999	90	142	151	197	231	275	308	359	49	88	139	177
2000	223	268	287	302	5	56	94	146	199	234	279	311

Den Traumpartner erkennen

Georg Haddenbach
Partnerschafts-Horoskop
Glück und Harmonie
mit den Sternen
192 Seiten
ISBN 3-8068-**5512**-9

Die Wege der Liebe sind unergründlich, so heißt es, und doch haben von jeher Astrologen den Sternen ihre Geheimnisse zu entreißen versucht. Wer möchte nicht wissen, wer der passende Partner ist, und ob die Beziehung glücklich wird? Steht es tatsächlich in den Sternen? Informativ und unterhaltsam wird der Einfluss der 12 Sternzeichen auf die Liebe, die Eigenschaften des Traumpartners und die Chancen für dauerhaftes Glück analysiert. Geben Sie den Sternen eine Chance!

www.falken.de